Stratego 6

Übungen zum Rechtschreiben

Erarbeitet von:
Roland Henke
Prof. Dr. Wolfgang Menzel
Ingrid Rinke

Illustriert von:
Julia Kaergel

westermann

Liebe Schülerin, lieber Schüler,

mit diesem Arbeitsheft kannst du deine Rechtschreibung trainieren. Um dir den Einstieg zu erleichtern, sind die Seiten dieses Heftes für dich in Blöcke zusammengefasst. In einem Block wird immer nur ein Rechtschreibproblem gezielt behandelt. Du kannst selbst entscheiden, mit welchem Block du anfängst.

Innerhalb eines Blockes solltest du mit der ersten Seite beginnen, denn sie ist am einfachsten zu bearbeiten. Die meisten Seiten haben am Anfang einen Merkkasten. Wenn du diesen aufmerksam durchliest, weißt du alles, um die Aufgaben erfolgreich zu lösen – vielleicht sogar die Aufgaben für Profis. Diese erkennst du an der Glühbirne. Sie sind schwerer als die übrigen Aufgaben.

Jeder Block endet mit einer Übungsseite und einer *Überprüfe dich selbst-Seite*, auf der du dein Rechtschreib-Wissen testen kannst. Bei dem Test gehst du am besten so vor: Löse zuerst alle Aufgaben. Einige davon sind ganz schön knifflig! Überprüfe dann mithilfe des Lösungsblattes, ob du alle Aufgaben richtig beantwortet hast. Setze für jede richtig gelöste Aufgabe einen Haken in den Kringel. Je mehr Haken du setzen kannst, desto besser!

Viel Erfolg!

© 2015 Bildungshaus Schulbuchverlage Westermann Schroedel Diesterweg Schöningh Winklers GmbH, Georg-Westermann-Allee 66, 38104 Braunschweig
www.westermann.de

Druck A¹⁰ / Jahr 2024
Alle Drucke der Serie A sind im Unterricht parallel verwendbar.

Die Seiten dieses Produkts bestehen zu 100 % aus Altpapier.

Damit tragen wir dazu bei, dass Wald geschützt wird, Ressourcen geschont werden und der Einsatz von Chemikalien reduziert wird. Die Produktion eines Klassensatzes unserer Arbeitshefte aus reinem Altpapier spart durchschnittlich 12 Kilogramm Holz und 178 Liter Wasser, sie vermeidet 7 Kilogramm Abfall und reduziert den Ausstoß von Kohlendioxid im Vergleich zu einem Klassensatz aus Frischfaserpapier. Unser Recyclingpapier ist nach den Richtlinien des Blauen Engels zertifiziert.

Redaktion: Matthias Schneider
Illustrationen: Julia Kaergel, Dersau
Titel: |Thinkstock, Sandyford/Dublin: diego_cervo Titel.
Umschlaggestaltung und typografisches Konzept: LIO Design, Braunschweig
Satz: Ruhrstadt Medien AG, Castrop-Rauxel
Druck und Bindung: Westermann Druck GmbH, Georg-Westermann-Allee 66, 38104 Braunschweig

ISBN 978-3-14-124066-5

Inhaltsverzeichnis

Einfache und doppelte Konsonanten erkennen

Manchmal werden Wörter, die miteinander verwandt sind, verschieden geschrieben:
nach **kurzem Vokal** mit doppeltem Konsonanten: *kommen*,
nach **langem Vokal** mit einfachem Konsonanten: *kam*.

annehmen, abstreiten, auffallen, fiel, gefällt,
genommen, gestritten, getreten, getroffen, nimmt,
der Streit, traf, trat, die Trittleiter, das Treffen

1 Schreibe die Wörter, die miteinander verwandt sind, in eine Zeile. Suche für jede Zeile min-
destens noch ein weiteres Wort und schreibe es dazu.

streiten: _____

nehmen: _____

treffen: _____

fallen: _____

treten: _____

2 Setze in den folgenden Text die Wörter in einer Vergangenheitsform ein:

bitten – bat, nehmen – hat genommen, ...

Ritt auf dem Esel

In den Ferien auf Kreta (bitten) ____bat____ Ines ihre Mutter darum, dass sie auf

einem Esel reiten darf. Sie durfte! Der Mann mit dem Esel (kommen) _____, und

Ines setzte sich drauf, (greifen) _____ dem Eselchen in die Mähne und

(reiten) _____ los. Doch dann blieb der Esel auf einmal stehen. Ines hat ein

kleines Stöckchen (nehmen) _____. Es half nichts. Dann hat

sie den Esel in den Nacken (kneifen) _____ . Zunächst rührte sich der

Esel nicht. Plötzlich aber rannte er los und Ines (fallen) _____ in den Sand.

Wörter mit *z* und *tz*, *k* und *ck* richtig schreiben

Steht vor dem *z*-Laut oder dem *k*-Laut ein **langer Vokal**, so schreibt man *z* oder *k*: *Brezel, Luke.*
Die Zwielaute *au, äu, ei, eu* gelten ebenfalls als **lange Vokale**: *Kreuze, Schaukel.*
Steht vor dem *z* oder dem *k* ein **anderer Konsonant**, schreibt man ebenfalls *z* oder *k*:
Wurzel, Schinken.
Nach **kurzem Vokal** schreibt man *tz* oder *ck*: *schmutzig, schlucken.*

1 Sprich dir diese Wörter vor und setze immer *k* oder *ck* ein. In eines der Wörter passt beides.

e⬜ig   e⬜elig   ju⬜en   kle⬜ern   mel⬜en   par⬜en

quie⬜en   spu⬜en   stin⬜en   strei⬜en   tro⬜en   zan⬜en

2 Sprich dir auch diese Wörter vor und setze immer *z* oder *tz* ein.

fli⬜en   gan⬜   hei⬜en   pur⬜eln   schmel⬜en

schnäu⬜en   schni⬜en   überkreu⬜en   wäl⬜en   fal⬜en

3 Die folgenden Wörter sind so aufgeschrieben, wie man sie spricht. Schreibe sie richtig in die Zeilen. Zwei der Wörter sind Fremdwörter. Eines davon schreibt man tatsächlich mit *zz*, das andere mit *kk*. In deutschen Wörtern werden *z* und *k* nicht verdoppelt. Stattdessen schreiben wir *tz* und *ck*.

KIZZELN _____   BÄKKER _____

PUZZEN _____   AKKUSATIV _____

WEKKEN _____   WIZZE _____

PIZZA _____   PUZZIG _____

KLEKKS _____   KIKKEN _____

SCHÄZZE _____   MEKKERN _____

4 Schreibe zu jedem Adjektiv das passende Nomen.

hektisch, romantisch, elektrisch, mathematisch, statistisch, automatisch

_____

_____

Übungen

1 Du kannst in die Lücken dieser Wörter sowohl *tz* als auch *ck* einsetzen. Schreibe jeweils einen kurzen Satz hinzu.

Mücken   <u>Am See gab es viele Mücken.</u>

Mützen   <u>Sie trugen keine Mützen.</u>

tro□en   _____

tro□en   _____

wi□eln   _____

wi□eln   _____

bli□en   _____

bli□en   _____

2 Ersetze das *t* vor dem *z* oder das *c* vor dem *k* in jedem Wort durch einen anderen Konsonanten, damit du ein neues Wort bekommst.

stützen: <u>stürzen</u>   witzig: _____

Acker: _____   sticken: _____

lecken: _____   Satz: _____

3 Aus *z* im Infinitiv (Grundform) wird in einer Form mit *er, sie, es …zt*: *kürzen – er kürzt*. Aus *tz* wird *…tzt*: *fetzen – es fetzt*.

scherzen: <u>sie scherzt</u>   kratzen: _____

stürzen: _____   blitzen: _____

würzen: _____   sich vernetzen: _____

schmelzen: _____   sich verletzen: _____

4 Bilde mit jedem der Fremdwörter einen Satz.

     Toleranz   Konferenz   Differenz   Intelligenz   Distanz

_____

_____

_____

_____

_____

Überprüfe dich selbst

1 Warum schreibt man *purzeln* mit *z* und nicht mit *tz*? Schreibe die Begründung auf. ◯

_____

_____

2 Schreibe zu den genannten Möglichkeiten je ein passendes Wort auf. ◯

tz nach kurzem Vokal: _____   *ck* nach kurzem Vokal: _____

z nach langem Vokal: _____   *k* nach langem Vokal: _____

z nach Zwielaut: _____   *k* nach Zwielaut: _____

z nach einem Konsonanten: _____

k nach einem Konsonanten: _____

3 In die Lücken der Wörter gehört entweder ein *z*-Laut (*z* oder *tz*) oder ein *k*-Laut (*k* oder *ck*). ◯
Setze den richtigen ein.

Klamauk auf dem Trapez

Die drei Trape▢künstler aus der Schwei▢ waren wir▢lich Wi▢bolde! Sie

sprangen überkreu▢ und fli▢ten aneinander vorbei, dass das Publikum nur so

quie▢te. Ein alter Mann mit einem aufgeklebten Ba▢enbart und ein junges

Schli▢ohr, das immer absichtlich danebengriff, erschre▢ten die Zuschauer, denn

der Alte pur▢elte mit gesprei▢ten Armen und Beinen in das aufgespannte

Ne▢. Die Musi▢ spielte dazu, dass es einen grausen konnte. Die drei hatten

wir▢lich einen Ti▢. Sie machten einen wi▢igen Fehler nach dem anderen.

Das Gan▢e war wie ein Spu▢. Aber echt fe▢ig!

Wörter mit *s* und *ß* verlängern

Wenn ein Wort mit einem *s*-Laut endet, dann weißt du manchmal nicht, ob es mit *s* oder mit *ß* geschrieben wird. Da hilft es dir, wenn du eine längere Form des Wortes suchst.
In den **verlängerten** Wörtern kannst du nämlich hören, dass **das stimmlose *s* gezischt** und **das stimmhafte *s* gesummt** wird: *Spaß → Späße, Kreis → Kreise*

1 Suche zu den folgenden Wörtern eine verlängerte Form.
Sprich die Wörter deutlich aus und achte darauf, ob das *s* gezischt oder gesummt wird.
Schreibe erst danach in die Wörter *s* oder *ß* hinein.

das Gla___	die Gläser	das Gra___	die _____
ich sa___	wir _____	der Spa___	die _____
ich la___	wir _____	er fra___	sie _____
sie gie___t	wir _____	er ra___t	sie _____
sie sau___t	wir _____	er schie___t	sie _____
er schlie___t	sie _____	er verrei___t	sie _____
es brau___t	sie _____	sie schmu___t	sie _____
er nie___t	sie _____	es blie___	sie _____
das Lo___	die _____	der Klo___	die _____
der Krei___	die _____	das Ma___	die _____

2 Schreibe in den folgenden Text in die Lücken *s* oder *ß* hinein.
Wenn du unsicher bist, suche eine längere Wortform.

Der Wetterfrosch

Früher hielten sich manche Leute einen Frosch. Der sa____ in einem gro____en Gla____.
Unten war Wasser und Kie____ und frisches Moo____ drin.
Wenn das Wetter mie____ war, dann wurde viel gehustet und genie____t. Und dann hatte auch der Frosch keinen Spa____ am Wetter und blieb unten im Moo____ sitzen.
Wenn es aber am Tag warm oder gar hei____ werden sollte, dann kletterte der Frosch auf einer Leiter nach oben.
Er blie____ sich auf und quakte.
Daraus la____ man ab, wie das Wetter werden könnte.
Aber nur vielleicht! Denn genau lie____ sich das doch nicht vorhersagen.

Wörter mit *ss* und *ß* richtig schreiben

Wenn du nicht weißt, ob ein Wort mit *ß* oder mit *ss* geschrieben wird,
dann denke an folgende Regel:

Nach **Langvokalen**, jede Wett',
steht in der Regel ein *ß:*
Bei *weiß,* bei *bloß* und auch bei *Fuß,*
bei *heiß,* bei *Schoß* und auch bei *Gruß.*

Nach **Kurzvokalen** steht indes
in jedem Fall ein Doppel-*s:*
bei *Fass,* bei *Schloss* und auch bei *Fluss*
bei *Hass,* bei *Ross* und auch bei *Schluss.*

1 Schreibe die Wörter in einer Form mit *er, sie, es, ihr* auf:

essen   sie _____   messen   er _____

fassen   er _____   passen   es _____

vergessen   sie _____   wissen   ihr _____

2 In manchen Wortfamilien kommen Wörter mit *ss* und mit *ß* vor, je nachdem, ob der Vokal
davor kurz oder lang ist: *wissen – ich weiß – ich habe gewusst.*

beißen   er hat _____   reißen   es ist _____

schießen   er hat _____   genießen   sie hat es _____

zerfließen   alles ist _____   verschließen die Tür ist _____

3 In diesen beiden Gedichten fehlen alle *ss* und *ß.*
Lies dir die Gedichte erst einmal laut vor.
Schreibe dann in die Lücken *ss* und *ß* hinein.

Der witzige Zoo-Elefant

Der Elefant taucht seinen Rü____el

ganz weit hinunter in die Schü____el.

Er saugt das Wa____er tief hinein,

dann schie____t er's in die Leute rein.

Und alle werden pudelna____,

als sä____en sie in einem Fa____.

Die arme Wasserratte

In einem gro____en Regenfa____

'ne dicke Wa____erratte sa____.

Sie hatte daran gro____en Spa____,

obwohl: sie war schon ziemlich na____.

In diesem Fa____ drei Tage sa____ sie,

doch wie man rauskommt, das verga____ sie.

Übungen

bis, deshalb, raus, hinaus, meistens, niemals, besonders,
fest, etwas, gestern, dies, diesmal, damals, los

Das sind vierzehn kleine Wörter, die ganz einfach aussehen.
Trotzdem werden sie sehr häufig falsch geschrieben.
Damit dir das nicht passiert, solltest du sie üben.

1 Schreibe sie in der Reihenfolge des Alphabets auf:

_____

_____

2 Schreibe sie nach der Anzahl ihrer Buchstaben auf:

3 Buchstaben: _____   4 Buchstaben: _____

5 Buchstaben: _____   6 Buchstaben: _____

7 Buchstaben: _____

8 Buchstaben: _____   9 Buchstaben: _____

3 Suche dir aus den Wörtern oben jeweils eins aus und schreibe es in die Zeilen.

Ich war _____ wieder einmal im Kino.

Der Film hat mir _____ gut gefallen.

_____ habe ich ihn heute noch einmal gesehen.

Ich tue das sonst _____.

Aber _____ musste ich mir ihn doch noch einmal ansehen.

4 Viele Wörter mit den Wortbausteinen *-nis* und *-us* werden nur mit einem *s* geschrieben, obwohl sie im Plural mit *ss* geschrieben werden: *Hindernis – Hindernisse, Verzeichnis – Verzeichnisse.* Schreibe die Wörter im Singular (Einzahl) auf:

Zeugnisse _____   Ergebnisse _____   Gleichnisse _____

Zirkusse _____   Autobusse _____   Krokusse _____

Überprüfe dich selbst

1 Schreibe vier Wörter mit *ß* auf: ○

_____

2 Schreibe vier Wörter mit *ss* auf: ○

_____

3 Welche Aussage ist richtig? Kreuze zweimal an.   ○

a) ☐ Das stimmlose *s* wird nach langem Vokal *ss* geschrieben.

b) ☐ Das stimmlose *s* wird nach kurzem Vokal *ss* geschrieben.

c) ☐ Das stimmlose *s* wird nach langem Vokal *ß* geschrieben.

d) ☐ Das stimmhafte *s* wird am Anfang eines Wortes mit *ß* geschrieben.

4 Schreibe Wörter der Wortfamilie *gießen* auf – einige mit *ß* und einige mit *ss*:   ○

gießen, _____

5 Warum schreibt man *Gras* mit *s* – aber *Spaß* mit *ß*? Begründe!   ○

Weil ... _____

_____

6 In folgenden Sätzen kommt in jedem Satz ein Fehler mit *s*, *ss* oder *ß* vor.   ○
Unterstreiche die Fehlerwörter und schreibe sie richtig am Rand auf.
Schlage im Zweifelsfall im Wörterbuch nach.

a) Gestern spielten wir draussen Fußball.   _____

b) Doch leider regnete es und war schrecklich naß.   _____

c) Die meißten Bälle wurden am Tor vorbeigeschossen.   _____

d) Und manche Schüsse konnte der Torwart kaum feßthalten,   _____

e) weil der Ball zu glatt war. Das war echt kraß!   _____

f) So mußte sich unsere Mannschaft geschlagen geben.   _____

g) Aber es hat trotzdem viel Spass gemacht.   _____

Wörter mit *h* oder ohne *h* unterscheiden

1 Ein Dehnungs-*h* kann überhaupt nur nach einem langen Vokal stehen. Doch es steht auch hier längst nicht bei allen Wörtern. So schreibt man *Strahlen* mit *h,* aber *Schalen* und *Strafen* ohne *h*. Bei welchen Wörtern niemals ein Dehnungs-h stehen kann, kannst du selbst herausfinden.

Dazu musst du dir die folgenden Wörter mit langem Vokal genau anschauen. Markiere jeweils den Buchstaben, mit dem die zweite Silbe beginnt:

> le-ben   re-den   schla-fen   lü-gen   feh-len   neh-men   leh-nen   füh-ren

2 Ordne diese und die folgenden Wörter in die Zeilen ein. Markiere oder unterstreiche immer den Buchstaben, mit dem die zweite Silbe beginnt.

> leben   lehnen   lahmen   blöde   Boden   fahren   fegen   Frage   fühlen
> kühler   rühmen   Laden   mehrere   müde   Ofen   Rabe   Rahmen
> Ufer   sagen   Sahne   kehren   stöhnen   Strafe   Tafel   wählen

Die zweite Silbe beginnt mit:

b: leben, _____

d: _____

f: _____

g: _____

l: _____

m: _____

n: lehnen _____

r: _____

3 Ergänze die folgende Regel:

> Ein Dehnungs-h steht überhaupt nur dann, wenn die zweite Silbe mit _____ beginnt. Vor den Buchstaben _____ kommt nie ein Dehnungs-h vor.

4 Folgende Wörter der deutschen Sprache hast du wahrscheinlich noch nie geschrieben. Aber welche nie und nimmer mit *h* geschrieben werden können, das kannst du jetzt wissen. Schreibe die Wörter auf. Es sind vier Wörter mit *h* und vier Wörter ohne *h*.

hö?nisch, nacha?men, pra?len, schwa?feln, ta?deln, verge?bens, verza?gen, gewä?ren

Wörter ohne h: _____

Wörter mit h: _____

Wörter mit *h* oder ohne *h* – eine Regel erarbeiten

1 Schreibe die folgenden Wörter in die leeren Zeilen.
Markiere die Buchstaben, die vor dem langen Vokal stehen:

> Schale quälen grölen Schemel Kram Töne Kran planen Tür quer Poren

Wörter mit *Sch* / *sch* am Anfang: <u>Schale,</u>_____

Wörter mit *Qu* /*qu* am Anfang: _____

Wörter mit *T* / *t* am Anfang: _____

Wörter mit *Gr* /*gr* am Anfang: _____

Wörter mit *Kr* / *kr* am Anfang: _____

Wörter mit *P* / *p* am Anfang: _____

Wörter mit *Pl* / *pl* am Anfang: _____

2 Suche weitere Wörter im Wörterbuch, die mit den markierten Buchstaben beginnen und einen langen Vokal haben.

3 Ergänze die folgende Regel:

In manchen Wörtern mit einem langen Vokal steht ein **Dehnungs-*h*** – aber längst nicht in allen! Es steht niemals dann, wenn vor dem langen Vokal
die Buchstaben _____ stehen.

4 Hier stehen immer zwei Reimwörter nebeneinander. Eines wird mit, das andere ohne Dehnungs-h geschrieben. Wenn du auf die Buchstaben am Anfang der Wörter achtest, kannst du es nach der Regel oben herausbekommen. Schreibe alle Wörter richtig auf.

Trä?ne _____ Mä?ne _____ ka?l _____ schma?l _____

O?ren _____ Po?ren _____ Ku?le _____ Schu?le _____

spü?len _____ wü?len _____ we?ren _____ schwö?ren _____

ke?ren _____ überqu?ren _____

ste?len _____ schwe?len _____

5 Hier sind 16 Wörter. In 8 von ihnen könnte ein Dehnungs-*h* stehen – in 8 kann es nach der Regel oben nie und nimmer stehen. Schau im Zweifelsfall im Wörterbuch nach.

jo___len, grö___len, schwe___r, me___r, wü___len, spü___len, wä___len, schä___len,

Schnu___r, U___r, O___ren, Spo___ren, Zä___ne, Krä___ne, verwö___nen, übertö___nen

Wörter mit *ä* und *äu* verkürzen

Viele Wörter mit *ä* haben einen Verwandten mit *a*: Ärmel → Arm.
Fast alle Wörter mit *äu* haben einen Verwandten mit *au*: Sträucher → Strauch.
Du findest sie, wenn du die Wörter mit *ä* und *äu* verkürzt.

1 Suche zu den folgenden Wörtern einen Verwandten mit *a* oder *au*.
Schreibe die Wortpaare dann auf.

> Geländer, tatsächlich, gefährlich, Gefängnis, täglich, Täler
> bräunlich, schäumen, Fäuste, Zäune, Gebäude, träumen

Wörter mit *ä* → *a*:

Geländer – Land, _____

_____

_____

_____

_____

Wörter mit *äu* → *au*:

bräunlich – braun, _____

_____

_____

_____

_____

2 Immer vier Wörter sind miteinander verwandt und gehören zu einer Wortfamilie.
Schreibe die Wortfamilien auf. Streiche die aufgeschriebenen Wörter durch.

> ängstlich, die Gefahrenquelle, sich täuschen, länger, der Verstand,
> der Tausch, gefährlich, die Angst, lang, verständlich, enttäuscht, verlängern,
> die Verständigung, gefährden, sich ängstigen, jemanden täuschen,
> die Gefährdung, verängstigt, das Verständnis, die Verlängerung

ängstlich, _____

die Gefahrenquelle, _____

sich täuschen, _____

länger, _____

der Verstand, _____

3 Füge in die folgenden Wörter ein *äu* oder *eu* ein.
Wenn du unsicher bist, schlage im Wörterbuch nach!

jemanden t___schen, jemanden betr___en, etwas verstr___en,

jemanden überz___gen, etwas ber___en, jemanden bet___ben, etwas wegr___men

Wörter mit *b, d, g* am Ende verlängern

Bei vielen Wörtern hörst du am Ende ein *p, t* oder *k,* obwohl sie mit *b, d, g* geschrieben werden. Sie haben aber am Ende fast alle einen Verwandten mit *b, d, g.* Wenn du also die Wörter verlängerst, kannst du hören, wie sie geschrieben werden:
Stab → Stäbe, Abend → Abende, Berg → Berge.

1 Setze in die folgenden Wörter *b, d* oder *g* ein:

blie___, flo___, ga___, schrie___, la___, betro___

run___, gesun___, schrä___, frem___, gro___, gel___

2 Suche zu den Verben den Infinitiv (die Grundform) und schreibe auf:

blieb – bleiben, _____

_____

3 Suche zu den Adjektiven die Steigerungsform. Wenn du unsicher bist, schau im Wörterbuch nach. Schreibe auf:

rund – runder, _____

_____

4 Schreibe diese Wörter in einer Form mit *er, sie* oder *es* auf:

wagen, liegen, siegen, fragen, loben, toben, schreiben, treiben

wagen – er wagt, _____

_____

_____

5 Von den folgenden Wörtern werden 7 mit *b* und 5 mit *p* geschrieben. Schreibe die Buchstaben in die Lücken. Wenn du unsicher bist verlängere die Wörter oder schlage im Wörterbuch nach.

er pie___t, sie sie___t, er pu___t, sie schrei___t, er blei___t, er tra___t, überhau___t

das Horosko___, es stau___t, sie schrau___t, sie ü___t, das zie___t

Wörter mit Stammwort und Vorsilbe richtig schreiben

Viele Wörter bestehen aus einem **Stammwort** und einer **Vorsilbe**, die davor steht:
ab-fahren, hin-fallen, zer-teilen, ...
Wenn die Vorsilbe mit demselben Buchstaben endet, mit dem das Stammwort anfängt,
dann kann es passieren, dass du einen Buchstaben vergisst.
Solche Wörter musst du deutlich aussprechen und üben:
aus-sehen, an-nageln, weg-gehen, ...

1 Setze die Vorsilben und die Stammwörter zu Wörtern zusammen.
Unterstreiche oder markiere die beiden gleichen Buchstaben, die aneinanderstoßen.

an–	nehmen	nageln
aus–	sehen	stehen
weg–	gehen	gucken

annehmen, _____

_____

2 Hier sind die Vorsilben und die Stammwörter verwürfelt. Schreibe Wörter auf, die es gibt.

unter–	raten	rühren
zer–	reißen	renken
ver–	richten	rupfen

unterrühren, _____

_____

3 In den folgenden Sätzen hat der Schreiber in einigen Wörtern einen Buchstaben vergessen.
Unterstreiche die falsch geschriebenen Wörter und schreibe sie am Rand richtig auf.

Gestern ist der Unterricht ausgefallen. _____

Wenn du Rührei machst, musst du etwas Milch unterühren. _____

Du solltest nicht wegucken, wenn sich jemand verletzt,
sondern helfen. _____

Geheimnisse sollte man niemals veraten. _____

Er wollte das Geschenk nicht anehmen. _____

Sie konnte nicht vorausehen, was ihr dann passiert ist. _____

Er hat sich beim Stolpern den Fuß verenkt. _____

Wörter mit *End-* und *-end-* richtig schreiben

Manchmal weißt du nicht, ob ein Wort mit *ent-* oder *end-* geschrieben wird.
Bei Wörtern mit *end-* kannst du dir merken:
– Sie haben alle etwas mit *Ende* zu tun: *endlich* kommt von *Ende*.
– Sie werden alle auf der **1. Silbe** betont: *endlich*

1 Bilde aus den folgenden Wörter andere Wörter mit der Vorsilbe *End- / end-*:

Ergebnis, gültig, los, Runde, Stand, Station

Endergebnis, _____

_____

2 Schreibe mit dem Wortstamm *-end-* und den Wortbausteinen einige Wörter auf.

ver-		-en
un-	-end-	-lich
be-		-los

_____

_____

_____

3 Setze in die folgenden Sätze die passenden Wörter ein.

Endbuchstabe, endgültig, endlich, Endrunde, Endstand, Endstation, unendlich

Ein Buchstabe, der am Ende eines Wortes steht, ist der _____.

Der Stand, der am Ende eines Fußballspiels feststeht, ist der _____.

Das Meer dehnt sich _____ nach Westen aus.

Ich habe jetzt _____ genug von dir!

Ich musste mit dem Bus bis zur _____ fahren.

Unsere Klasse kam bei dem Turnier bis in die _____ vor.

Nach einer langen Reise waren wir _____ angekommen.

Wörter mit der Vorsilbe *ent-* richtig schreiben

> Wörter, die mit der Vorsilbe *Ent- / ent-* beginnen, werden immer auf der **2. Silbe** betont:
> *Entfernung, entkommen, ...*
> Damit kann man sie gut von Wörtern mit *End- / end-* unterscheiden, die auf der **1. Silbe**
> betont werden: *endlos, endlich, ...*

1 Bilde möglichst viele Wörter mit der Vorsilbe *Ent- / ent-.*

Ent-	-kommen	-fernung	-setzlich	-spannung
	-scheidung	-zwei	-lang	-führen
ent-	-deckung	-täuschung	-gegen	-schuldigung

Ent-:

_____   _____

_____   _____

_____   _____

_____   _____

_____   _____

ent-:

2 In den acht Sätzen des folgenden Textes sind 6 Wörter mit *Ent- / ent-* und *End- / end-* falsch
geschrieben. Markiere sie und schreibe sie richtig am Rand auf.

Die Fahrt im Auto hat endsetzlich lange gedauert,   _____

und wir hatten alle entgültig die Nase voll.   _____

Doch dann waren wir entlich auf der Insel angekommen.   _____

Nun konnten wir abchillen und uns endspannen.   _____

Ich habe mich entschieden, gleich einmal über die Düne zu
gehen.   _____

Das Wetter war entgegen dem Wetterbericht wunderschön.   _____

Ich spazierte am Meer endlang,   _____

und sah in die unentliche Weite.   _____

Wörter mit *-ig* und *-lich* richtig schreiben

Wörter wie *zornig* und *schrecklich* bestehen aus dem **Wortstamm** *zorn-* und *schreck-* und aus den **Wortbausteinen** *-ig* und *-lich*.
So kann man aus **Nomen** wie *Zorn* und *Schreck* **Adjektive** wie *zornig, schrecklich* bilden.
Wenn du ein *l* hörst, schreibt man diese Wörter in der Regel mit **-lich**: *schrecklich, fröhlich,*...
Hörst du kein *l*, schreibt man sie mit **-ig**: *zornig, lustig, ...*
Manchmal aber hörst du ein *l* – und das Wort wird trotzdem mit *-ig* geschrieben.
Das hat damit zu tun, dass das *l* zum **Wortstamm** gehört: *Nebel → nebelig.*

1 Schreibe die folgenden Wörter auf:

> ehrlich, höflich, lässig, lebendig, niedrig, plötzlich,
> richtig, sachlich, wenig, winzig, wirklich, ziemlich

Wörter mit *-ig*:

_____

_____

_____

_____

_____

Wörter mit *-lich*:

_____

_____

_____

_____

_____

2 Bilde aus den folgenden Nomen Adjektive, indem du den Wortbaustein *-ig* oder *-lich* anhängst. Achte darauf, ob das *l* zum Wortstamm des Nomens gehört!

> Ärger, Durst, Freund, Gift, Grusel, Heim, Herr, Herz, Lust,
> Nebel, Pein, Schreck, Schrift, Schuld, Spaß, Wind

Wörter mit *-ig*:

_____

_____

_____

_____

_____

_____

Wörter mit *-lich*:

_____

_____

_____

_____

_____

_____

Übungen

> ehrlich, vielleicht, entweder, möglich, Unterricht,
> endlich, verraten, wenig, ziemlich, richtig

Dies sind einige Wörter, die du dir unbedingt merken solltest. So kannst du sie üben:

1 Schreibe alle Wörter mit Silbenstrichen auf:

ehr-lich, _____

_____

_____

2 Ordne die Wörter nach dem Alphabet. Dabei musst du manchmal auf den zweiten und dritten Buchstaben achten. So steht *ehrlich* vor *endlich,* weil der zweite Buchstabe von *ehrlich* ein *h* ist, der von *endlich* aber ein *n.*

ehrlich, _____

_____

_____

3 Ordne nun die Wörter nach der Anzahl ihrer Buchstaben.

Das ist das kürzeste Wort: _____

Wörter mit 7 Buchstaben: _____

Wörter mit 8 Buchstaben: _____

Das sind die längsten Wörter: _____

4 Schreibe noch drei andere Wörter auf:

Wörter mit *ent-:* _____

Wörter mit *end-:* _____

5 Schreibe selbst drei Sätze auf, in denen jeweils eines dieser Wörter vorkommt.

_____

_____

_____

Überprüfe dich selbst

1 Vor welchen Konsonanten (Mitlauten) kann ein Dehnungs-*h* stehen?
Unterstreiche die Konsonanten:

b, d, l, k, m, r, f, n, g

2 Schreibe einige Wörter mit Dehnungs-*h* auf.

_____

3 Nach welchen Anfangsbuchstaben kann nie ein Dehnungs-*h* stehen?
Unterstreiche sie.

b, sch, f, t, s, gr, p, kr, m

4 Warum schreibt man *vielleicht* mit zwei *l*? Begründe:

Weil... _____ .

5 Welche Aussagen sind richtig? Kreuze zweimal an:

a) ☐ Alle Wörter mit *end-* sind auf der ersten Silbe betont.

b) ☐ Wörter mit *ent-* haben etwas mit *Ente* zu tun.

c) ☐ Wörter mit *end-* haben etwas mit *Ende* zu tun.

d) ☐ Alle Wörter mit *ent-* sind auf der ersten Silbe betont.

6 Schreibe einige Wörter mit *-lich* und mit *-ig* auf:

Wörter mit *-lich:* _____

Wörter mit *-ig:* _____

7 Welche Aussagen sind richtig? Kreuze zweimal an:

a) ☐ Das Wort *ziemlich* kann man auch *ziemlig* schreiben.

b) ☐ Das Wort *nebelich* schreibt man mit *-lich*, weil man ein *l* hört.

c) ☐ Das Wort *nebelig* schreibt man mit *-ig,* weil das *l* zu *Nebel* gehört.

d) ☐ Das Wort *durstig* schreibt man mit *-ig,* weil kein *l* zu hören ist.

8 Unterstreiche die vier Wörter, die richtig geschrieben sind.
Streiche die anderen durch.

Untericht, gruselich, verrückt, sich schähmen, quälen, stöhnen, Entfernung, Entstation

21

Wörter mit *x, ks, chs, cks, aa, ee, oo* richtig schreiben

Hexe	Fee	Moos	links
Schnee	Axt	Aal	Boxer
wechseln	Paar	Wachs	fix
boxen	Tee	Klecks	See
Ochse	Lachs	mixen	Teer
sechs	Kaffee	Saal	Keks
Taxi	Faxen	Achsel	Beeren
Meer	Eidechse	Waage	Text
Mixer	verhexen	Moor	Sachsen
murksen	extra	tricksen	glucksen

1 Diese Wörter sind wirklich selten! Sie werden auf ganz besondere Weise geschrieben. Ordne sie in deinem Heft nach den Besonderheiten *x, ks, cks, chs, aa, ee, oo* und bilde mit den Wörtern hexige Sätze: *Die Fee fuhr mit der Hexe im Taxi.*

2 Lies dir das Hexengedicht durch und schreibe die verhexten Wörter rechts daneben. Übrigens: Wenn du einen Spiegel über den Text hältst, kannst du die verhexten Wörter lesen!

Hexenbrei

Die Hexe kocht den Hexenbrei _____

aus einem bunten Mix: _____

aus Moos und Teer und Pfützentee, _____

aus trocknem Keks und aus Kaffee, _____ aus Matsch

von dunkelgrauem Schnee, aus Ochsendreck und _____

Bohnerwachs, aus Achselschweiß _____

und Schwanz vom Lachs, aus einer _____

schwarzen Tollkirschbeere, _____

sechs Quallen aus dem Meere, _____

das mixt sie mit 'nem Klecks von Quark. _____

Und sagt: „Wer das isst, der wird extra stark!" _____

Fremdwörter richtig schreiben

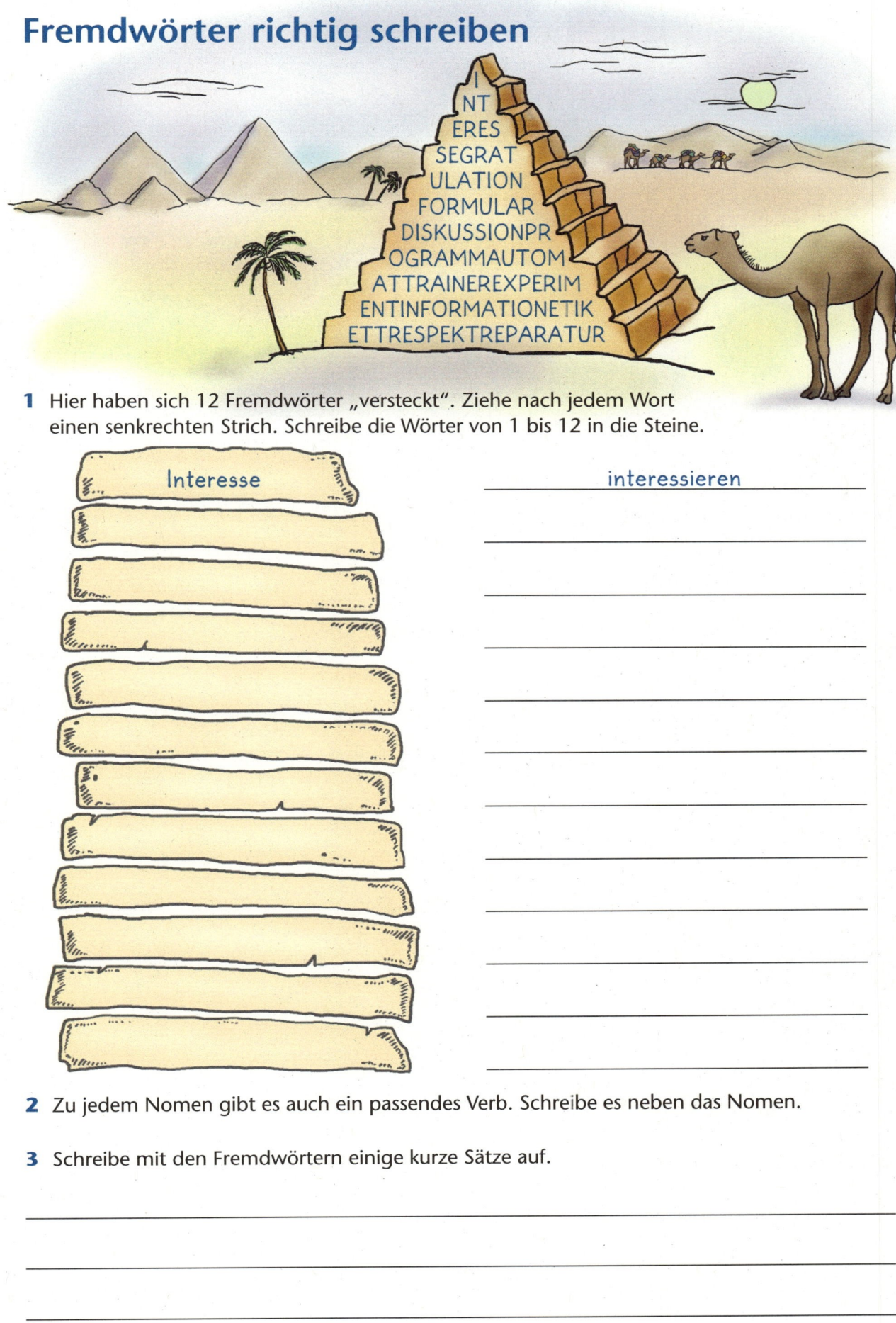

I
NT
ERES
SEGRAT
ULATION
FORMULAR
DISKUSSIONPR
OGRAMMAUTOM
ATTRAINEREXPERIM
ENTINFORMATIONETIK
ETTRESPEKTREPARATUR

1 Hier haben sich 12 Fremdwörter „versteckt". Ziehe nach jedem Wort einen senkrechten Strich. Schreibe die Wörter von 1 bis 12 in die Steine.

Interesse

interessieren

2 Zu jedem Nomen gibt es auch ein passendes Verb. Schreibe es neben das Nomen.

3 Schreibe mit den Fremdwörtern einige kurze Sätze auf.

Zeitangaben schreiben 1

vorgestern, gestern

übermorgen

heute, morgen

Morgen, Vormittag

Mittag, Nachmittag

Abend, Nacht

Es gibt Zeitangaben, die immer kleingeschrieben werden: *vorgestern, gestern* ...,
und welche, die immer großgeschrieben werden: *Vormittag, Abend* ...
Daran ändert sich auch nichts, wenn sie nebeneinanderstehen, denn die Zeitangabe an
der zweiten Stelle wird immer großgeschrieben.
Es gibt nur eine Ausnahme: Bei der Zeitangabe *morgen früh* werden beide Wörter
immer kleingeschrieben.

1 Bilde möglichst viele neue Zeitangaben. Kombiniere die Wörter links mit den Wörtern rechts
zu Zeitangaben.

_____

_____

_____

2 Setze in die Lücken treffende Beispiele ein.

Christian hat _____ einen Zahnarzttermin.

Das Training fällt _____ aus.

Anna feiert _____ ihren Geburtstag.

Ich habe _____ bis um 23 Uhr Fernsehen geguckt.

Unsere Oma wird uns _____ besuchen.

Das Spiel wird _____ übertragen.

Ich verspreche dir, wir kommen _____.

Hast du Lust _____ Rad zu fahren?

Zeitangaben schreiben 2

Bei der Großschreibung von Zeitangaben gibt es Signale. Stehen vor Tageszeiten oder Wochentagen Artikel oder Präpositionen (Verhältniswörter) wie *am, gegen ...*, musst du die Angaben großschreiben.

1 Schreibe weitere Beispiele auf.

der Abend <u>die Nacht, der Montag, der Vormittag</u>

am Abend <u>am Morgen,</u>

gegen Abend _____

den ganzen Abend _____

bis zum Abend _____

eines schönen Abends _____

Die Zeitangaben *morgens, mittags, sonntags, mittwochabends* musst du kleinschreiben: *Ich gehe* **morgens** *in die Schule.* Das Signal für die Kleinschreibung ist ein *-s* am Wortende. Aufgepasst: Wenn du sie mit Artikel verwendest, musst du sie großschreiben: *eines Abends*.

2 Ordne die folgenden Zeitangaben nach der Groß- und Kleinschreibung.

GEGEN MORGEN; NACHTS; ABENDS; EINES MITTAGS; AM FREITAGMORGEN; MONTAGS; DEN GANZEN ABEND; AM MORGEN; VORMITTAGS; AM NACHMITTAG; DIENSTAGVORMITTAGS, MORGEN FRÜH

großgeschriebene Zeitangaben	kleingeschriebene Zeitangaben
<u>gegen Morgen,</u>	

Signale für die Großschreibung erkennen

Im folgenden Kasten findest du die wichtigsten Signale für Nomen:

Artikel: *der , die , das, ein, eine*	*der Jäger, eine Elefantenkuh*
Pronomen: *mein, dein, sein, ihr, euer*	*seine Lanze, ihre Rettung*
Adjektiv: *kleiner, schönes, …*	*blaues Kleid, schlechtes Wetter*
Präposition mit „verstecktem" Artikel: *aufs (auf das), im, am, zum*	*beim Schwimmen*
Endungen: *-ung, -heit, -keit, -nis, -schaft, -tum*	*Erfahrung, Klarheit*

1 Mit der folgenden Jagdgeschichte kannst du deine Kenntnisse auffrischen.
Markiere alle Nomen zusammen mit ihren Signalen und schreibe sie richtig auf.

DIE PRÜFUNG

IN DIESEM HERBST WOLLTEN DIE BEIDEN JUNGEN BEWEISEN, DASS SIE ERWACHSEN SIND UND ALLEIN ZUM JAGEN GEHEN KÖNNEN. VOR DREI TAGEN HATTEN SIE AM MORGEN IHRE LANZEN GENOMMEN UND SICH AUF DEN WEG ZUM WALD IN DER NÄHE GEMACHT. SEITDEM BESTAND IHRE NAHRUNG AUS DEN FRÜCHTEN DES WALDES UND EINEM HASEN. DOCH SIE HÄTTEN IHRE PRÜFUNG ERST BESTANDEN, WENN SIE EINE BEUTE GEMACHT HÄTTEN, DIE SCHWERER WÄRE ALS SIE SELBST. DIE DÄMMERUNG SETZTE SCHON EIN UND VOR MÜDIGKEIT KONNTEN SIE NUR NOCH SCHLECHT LAUFEN.

PLÖTZLICH HÖRTEN SIE EIN KNACKEN UND EIN STAMPFEN. EIN IRRTUM WAR AUSGESCHLOSSEN. EINE HERDE DER WALDELEFANTEN KAM DIREKT AUF SIE ZU. AUS ERZÄHLUNGEN DER ERFAHRENEN JÄGER WUSSTEN SIE, DASS BESONDERS BEDROHTE ELEFANTENMÜTTER SEHR GEFÄHRLICH WERDEN KONNTEN. DESHALB KLETTERTEN SIE SCHNELL AUF EINEN BAUM IN IHRER NÄHE. DIE TIERE WAREN GERADE VERSCHWUNDEN, ALS EIN GRAUES WESEN, DAS OFFENBAR VERLETZT WAR, MIT LANGSAMEN SCHRITTEN HERBEISTAPFTE.

die Prüfung, in diesem Herbst, _____

_____

_____

_____

_____

Adjektive werden zu Nomen und großgeschrieben 1

Adjektive können zu Nomen werden. Aus *groß* wird *der Große*, aus *neu* wird *das Neue*.
Unmittelbar nach dem Adjektiv, das zum Nomen geworden ist, steht kein anderes Nome:
*Die **starken Spielerinnen** siegen.* → *Die **Starken** siegen*

die Kleinen, die Großen, das Knusprige, den Kranken,
der Reiche, dem Armen, der Gute, den Bösen

1 Setze die Beispiele richtig ein. Weil die Adjektive dabei zu Nomen werden, schreibt man sie groß.

a) Jeder wollte _____ vom Braten haben.

b) Beim Basketballspiel haben es _____ schwerer als _____.

c) Zuschauer mögen es, wenn in Filmen _____ über _____ siegt.

d) Oft sieht _____ gar nicht, wie schlecht es _____ geht.

e) Der Hubschrauber brachte _____ ins Krankenhaus.

2 Markiere von den sieben Wörtern, die in Großbuchstaben geschrieben sind, die vier Adjektive, die zu Nomen geworden sind. Schreibe den Text dann richtig ab.

Während des LANGEN Volleyballturniers war unsere Schulmannschaft ungeschlagen geblieben. Auch die NEUEN in dem Team hatten GUTE Leistungen gezeigt. Im Endspiel zog aber die bis dahin ERFOLGREICHSTE Mannschaft den KÜRZEREN. Diesmal waren sie die SCHWÄCHEREN im Spiel. Die STÄRKEREN waren die Spielerinnen aus der Nachbarschule.

_____

_____

_____

_____

_____

Adjektive werden zu Nomen und großgeschrieben 2

Es gibt Signale, an denen du erkennen kannst, wenn ein Adjektiv zum Nomen wird.

Wie ist das süß!   *Sie mag das Süße.*

Mir wurde etwas warm.   *Sie trägt etwas Warmes.*

Solche Signale sind die Artikel und Wörter wie *etwas, viel, wenig, nichts, manches ...*
Wenn aus Adjektiven Nomen werden, dann bekommen sie aber noch ein weiteres Signal,
nämlich die **Endung** *-e* oder *-es*.

1 Im folgenden Text sind die Adjektive, die zu Nomen geworden sind, in Großbuchstaben
geschrieben. Markiere im Text die Signalwörter, die die Adjektive zu Nomen machen, und
die Endungen.
Achtung: Eines dieser Wörter hat nicht das Signal *-e* oder *-es*. Es wird also kleingeschrieben!
Welches ist es wohl?

Nachrichten

Der Nachrichtensprecher hatte am
Morgen noch nicht viel NEUES zu
melden. Es war an diesem Tag bisher
nichts UNGEWÖHNLICHES passiert.
Doch im Laufe des Tages änderte sich
das. In der Tagesschau am Abend konnte
man dann alles WICHTIGE vom Tage
erfahren.

Die Wettervorhersage hatte wenig
ERFREULICHES zu berichten, nur leider
zu spät! Wer sich morgens nicht etwas
WARMES angezogen hatte, musste den
Tag über frieren. Vielleicht wird der
nächste Wetterbericht manches GUTE
vorhersagen, nur bitte etwas FRÜHER als
heute.

2 Schreibe die nominalisierten Adjektive mit den Signalwörtern heraus.

_____

_____

3 Bilde mit folgenden Wörtern selbst Sätze.

etwas Schönes viel Böses wenig Interessantes alles Wichtige nichts Aufregendes

_____

_____

_____

_____

Verben werden zu Nomen und großgeschrieben

Verben werden großgeschrieben, wenn sie mit *das, am, beim, vom* und *zum* verwendet werden: *das* Einbrechen, *beim* Suchen.

1 Mit deinem Scharfsinn wirst du es sicher schaffen, die Beispiele aus dem Überraschungsei einzusetzen. Trage die Kennbuchstaben zur Kontrolle ins rechte Ei. Richtig eingesetzt, erhältst du mit den Kennbuchstaben ein Lösungswort. Verwende zum Schreiben am besten einen Bleistift.

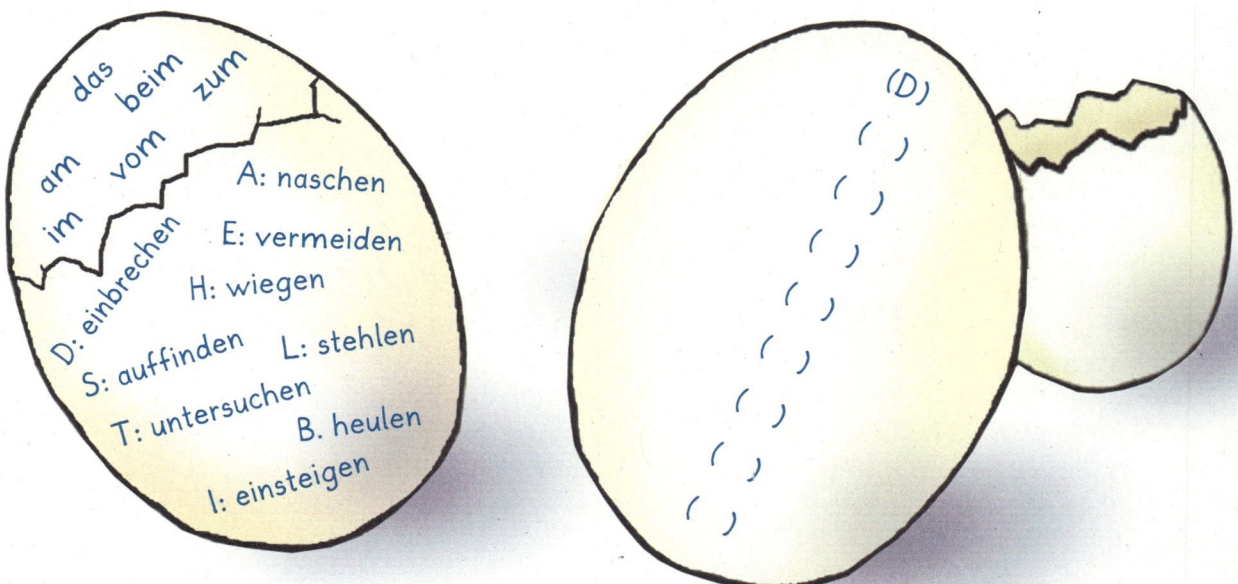

Über einen Monat war es nachts zu dreisten Diebstählen in den Süßwarenabteilungen von

Supermärkten gekommen. Stets hatte es der Dieb _____ auf

Überraschungseier abgesehen. Niemand konnte ihn bisher _____ in

die Geschäfte hindern, denn der Täter war ein Meister _____ von

Spuren. Er ließ sich auch nicht durch _____ von Alarmanlagen

hindern. Doch beim letzten Mal hatte er einen Fehler gemacht. Kommissar Scharfsinn, ein

Spezialist _____ von Spuren, fand am Tatort auf einer Waage ein

liegen gebliebenes Schokoladenei. Er entdeckte _____ der Süßigkeit

die Eindrücke von drei Fingern. Das waren eindeutig die Erkennungszeichen von Drei-

Finger-Ede. Nicht _____, sondern wegen der Sammlerfiguren wollte

der die Schokoladeneier haben. Und _____ war eine gute Methode,

die Figuren zu finden. Um Ede _____ weiterer Eier abzuhalten,

entschloss sich Scharfsinn, ihm eine Falle zu stellen. Gesagt, getan!

Übungen

Kleine mutige Kerlchen
Feldhamster sind 200 bis 900 Gramm schwer und können bis zu
34 Zentimeter lang werden. Die putzigen kleinen gehören zu
den seltensten Tieren in Europa. Vor einigen Jahrzehnten
gab es so viele von den kleinen nagern, dass sie aus
Angst um die Getreideernte von den Bauern gejagt
wurden. Doch die zeiten haben sich geändert. Die
modernen Maschinen ernten die Felder so sauber ab,
dass fast nichts fressbares liegen bleibt. Körner und
andere Feldfrüchte reichen nicht mehr als Futtervor-
rat für den Winter, obwohl die Tiere beim suchen nach nahrung nicht besonders
wählerisch sind. Sie fressen auch Kräuter und Gräser, Kartoffeln und Kohl. Und wenn
das sammeln dieser Speisen nicht reicht, dann stehen auch Insekten, Regenwürmer
und Feldmäuse auf der Speisekarte.
Anders als in vielen Bundesländern gibt es in Niedersachsen noch einige Nager,
obwohl sie auch hier immer weniger geeignete Verstecke für ihre Baue finden. Ihre
unterirdischen Anlagen bewohnen sie die meiste Zeit allein.
Auch wenn Hamster zu den kleinen Tieren gehören, so ist ihr mut umso größer.
Wenn sie nicht rechtzeitig fliehen können, weil die entfernung zum bau zu groß ist,
dann stellen sie sich auf die Hinterbeine und plustern ihre Backen auf. Damit wollen
sie größer erscheinen und gleichzeitig versuchen sie, Feinde durch ihr zischen zu
vertreiben. Gelingt dies nicht, dann kann es passieren, dass der Hamster sie auch
todesmutig anspringt.

Lies den Text genau durch und achte dabei auf die Groß- und Kleinschreibung.
Dies ist nämlich ein Fehlertext, in dem insgesamt 11 Nomen nicht großgeschrieben wurden.

1 Markiere die fehlerhaften Wörter im Text.

2 Schreibe die Fehlerwörter mit ihren hinweisenden Signalen auf.

Die putzigen Kleinen,
_____

_____

_____

_____

_____

_____

_____

Überprüfe dich selbst

1 Welche beiden Aussagen sind richtig? Kreuze an.

☐ Zeitangaben werden immer kleingeschrieben.

☐ Zeitangaben werden immer großgeschrieben.

☐ Manche Zeitangaben werden kleingeschrieben und manche werden großgeschrieben.

☐ Die Wörter viel und etwas sind ein Signal für die Großschreibung von Adjektiven.

☐ Die Wörter viel und etwas sind ein Signal für die Großschreibung von Verben.

2 Bilde mit den folgenden Wörtern Nomen, indem du ihnen eine passende Endung anhängst. Ein Wort kann mit drei verschiedenen Endungen verwendet werden.

heiser: Heiserkeit _____   dunkel: _____

fest: _____   eigen: _____

finster: _____   schön: _____

3 Begründe die folgenden Schreibungen:

Ich komme *nachmittags* aus der Schule.

Hier wird „nachmittags" kleingeschrieben, weil ... _____

_____

Ich habe *eines Nachmittags* einen platten Fahrradreifen bekommen.

Hier wird „Nachmittags" großgeschrieben, weil ... _____

_____

4 Umkreise die Fantasiewörter, die großgeschrieben werden müssen.
Unterstreiche die kleingeschriebenen Fantasiewörter.

Gestern DEMAB war ich mit einem Freund im KONI. Dort haben wir einen LOTTEN MILF geguckt. So etwas NESPANDES habe ich lange nicht mehr gesehen. Als wir nach Hause gingen, begann es zu WEFEN. Zum LUCK wurden wir nur etwas SANN. Unsere Jacken waren bald wieder NOGGEN.

5 Setze für die Fantasiewörter sinnvolle Wörter ein und schreibe den Text richtig auf.

_____

_____

_____

_____

Richtig getrennt und zusammenschreiben

Zweimal – aber *zum zweiten Mal*!
Hat das Wort vor *-mal* **keine** Endung, dann schreibt man **zusammen**: *zweimal*.
Hat das Wort vor *Mal* eine **Endung**, dann schreibt man **getrennt**,
und das Wort **Mal** wird **großgeschrieben**: *zum zweiten Mal*.
Merke: *MAL* schreibt man entweder groß und getrennt – oder klein und zusammen!

1 Setze die Wörter mit *MAL / MALE* zusammen.

dies-   dieses   manch-   manches   kein-   letztes   zum zweiten
viel-   jedes   ein-   zwei-   voriges   einige   noch ein-   alle-

MAL / MALE

Getrennt: Zusammen:

_____   _____

_____   _____

_____   _____

_____   _____

2 Schreibe in die Lücken immer *MAL* oder *MALE* hinein.

Mary ist schon zum zweiten _____ zu spät in die Schule gekommen.

Dieses _____ waren es zehn Minuten!

Und wie jedes _____ versprach sie: Dies _____ ist es das letzte _____ gewesen!

Ich denke: Sie wird sicher noch einige _____ zu spät kommen.

Aber Mary ist dann tatsächlich kein _____ mehr zu spät gekommen.

Manch _____ irrt man sich eben!

3 In dieser Wörterschlange kommt öfter das Wort *MAL* vor. Ziehe einen Trennungsstrich zwischen den einzelnen Wortkombinationen. Schreibe die Wörter richtig auf.

ZEHNMAL|MITEINEMMALZUMLETZTENMALNOCHEINMALDASNÄCHSTEMAL

_____

_____

Kleine Wörter getrennt und zusammenschreiben

gar nicht   zu oft   so viel   wie wenig   so sehr   wie viele   gar kein
so weit   zu wenig   so lange   wie sehr   zu viele   gar keine   wie oft
so gut   gar nichts   so etwas   wie weit

1 Diese Wortkombinationen musst du dir merken! Schreibe sie geordnet ab.

Wörter mit *gar:* _____

Wörter mit *zu:* _____

Wörter mit *wie:* _____

Wörter mit *so:* _____

2 Welche Wortkombinationen passen in die einzelnen Sätze? Manchmal passen mehrere.

Daran habe ich _____ gedacht.

Ich habe _____ Lust, mit dir zu spielen.

Für die Mathe-Arbeit habe ich _____ geübt.

Ich meine, es kann_____ nicht passieren.

_____ haben wir uns eigentlich nicht mehr gesehen?

irgendwo   irgendetwas   irgendwie   irgendjemand   irgendeiner   irgendwer

3 Schreibe diese Wörter in die folgenden Sätze. Manchmal passen zwei.

Mir hat _____ meine Jacke gestohlen.

Ich fühle mich heute _____ nicht gut.

Sie ist einfach _____ verschwunden.

Wörter richtig zusammenschreiben

Die folgenden Wörter werden in der Regel mit Verben **zusammengeschrieben**:
rüber, herüber, runter, herunter, hinein, vorüber, vorbei, zurück, zusammen:
*Sie ist zu mir **herüber**gekommen. Er ist die Treppe **runter**gegangen. ...*

herüber-	vorbei-	
zurück-	zusammen-	kommen, fahren, gehen, laufen, prallen, stürzen
runter-	herein-	

1 Bilde aus den Wörtern links und den Verben rechts zusammengesetzte Wörter:

herüberkommen, vorbeigehen, _____

_____

_____

Wenn sich das Wörtchen *zu* in diese Wörter einschiebt, wird ebenfalls
zusammengeschrieben: *vorbei**zu**gehen, hinunter**zu**laufen, ...*
Und auch im **Perfekt** werden die Wörter zusammengeschrieben: *Sie ist vorbei**ge**kommen.*

2 Schreibe die Wörter in die leeren Zeilen hinein.

vorbeikommen:
Sie nahm sich vor, morgen bei ihm _____.

Und dann ist sie auch tatsächlich bei ihm _____.

zusammenprallen:
Er war ganz vorsichtig gefahren, um nicht mit ihr _____.

Leider ist er dann doch mit ihr _____.

zurückfahren:
Sie hatte die Absicht, am Nachmittag wieder _____.

Doch dann ist sie erst mit dem letzten Bus _____.

hinunterstürzen:
Er hielt sich am Geländer fest, um die Leiter nicht _____.

Doch dann ist er abgerutscht und doch _____.

durchstehen:
Er hatte kaum noch die Kraft, das Training _____.

Doch mit großer Anstrengung hat er es dann doch _____.

Wörter richtig getrennt und zusammenschreiben

Wenn man ein **Nomen** und ein **Verb** miteinander kombiniert, dann schreibt man **getrennt**:
Rad fahren, Kuchen essen, Schlange stehen, ...
Stehen vor solchen Kombinationen Wörter wie ***beim, zum*** oder der Artikel ***das***,
dann schreibt man **zusammen und groß**:
beim Schlangestehen, zum Kuchenessen, das Radfahren, ...

Gitarre	Schlittschuh	
Auto	Bratwurst	laufen spielen fahren essen stehen backen
Kuchen	Schlange	

1 Bilde aus den Nomen links und den Verben rechts Wortkombinationen. Manchmal lassen sich auch verschiedene bilden.

Gitarre spielen, _____

_____

_____

2 Bilde nun auch zusammengesetzte Nomen mit den Wörtern *beim, zum, das:*

beim Gitarrespielen, das _____

_____

3 Schreibe die Wörter in die Zeilen hinein:

Zeitung lesen:

Am Frühstückstisch treffe ich meine Mutter beim _____ an.

Vokabeln lernen:

Am Abend hilft sie mir manchmal beim _____.

Wörter üben:

Für die Rechtschreibung muss ich eine Menge _____.

Fußball spielen:

Das _____ im Verein macht mir großen Spaß.

Plätzchen backen:

Morgen treffen wir uns zum _____ bei uns.

Übungen

| durch- | wieder- | unter- | | -bohrte | -arbeiten | -gelaufen |
| hinter- | über- | zusammen- | | -ließen | -holte | -schätzt |

1 Schreibe in die Zeilen die passenden zusammengesetzten Verben hinein.

a) Der Pfeil _____ die Holzwand.

b) Die Einbrecher _____ keinerlei Spuren.

c) Gestern Abend _____ ich noch einmal die Vokabeln.

d) Nach dem Schreiben musste ich meinen Text etwas _____ .

e) Wir hatten die gegnerische Mannschaft _____ .

f) Auf der Straße ist eine große Menschenmenge _____ .

2 Schreibe Verben auf, die mit den folgenden Wortbausteinen zusammengesetzt sind.
Du kannst ein Wörterbuch zu Hilfe nehmen!

an-   anlaufen, _____

ab-   _____

herüber- _____

rein-   _____

vorbei- _____

zurück- _____

3 Schreibe in die Zeilen hinein:

| diesmal | manchmal | zweimal | letztes Mal | nächstes Mal |

Wir haben _____ verloren, aber _____ haben wir gewonnen.

Das ist halt _____ so. Doch _____ gewinnen wir wieder.

Denn _____ hintereinander verlieren wir nicht!

Überprüfe dich selbst

1 Welche Wörter mit *MAL* schreibt man zusammen, welche getrennt?
Schreibe sie auf.

ein/Mal, zwei/MAL, viele/MALE, mehr/MALS, dieses/MAL, kein/MAL, nächstes/MAL

_____

_____

2 Welche dieser Wörter schreibt man zusammen, welche getrennt?
Schreibe sie auf.

gar/nichts, gar/keine, irgend/wo, irgend/jemand, zu/wenig, so/gut

_____

3 Wie schreibt man diese Wörter? Schreibe sie auf.

vorbei/kommen, zusammen/legen, zurück/gelaufen, vorbei/zu/gehen, rein/legen

_____

_____

4 Wie schreibt man diese Wörter, zusammen oder getrennt?
Schreibe sie auf.

Ich muss noch die Zeitung/lesen _____

Ich bin beim Fußball/spielen _____

Ich kann gut Flöte/spielen _____

Das Schlange/stehen langweilt mich _____

5 In jedem Satz ist ein Fehler. Schreibe die Fehlerwörter richtig an den Rand.

a) Sie verabredeten sich zusammen zu kommen. _____

b) Hat dich irgend jemand gehört? _____

c) Ich bin manch Mal traurig. _____

d) Ich hab doch garnichts getan! _____

Satzschlusszeichen setzen

Am Ende eines Satzes steht ein **Punkt.**
Wenn aber ein Satz als **Frage** gemeint ist, setzt du ein **Fragezeichen**.
Und wenn ein Satz als **Ausruf, Bitte oder Befehl** gemeint ist, setzt du ein **Ausrufezeichen**.

1 Setze nach den folgenden Sätzen die Satzschlusszeichen:

> Ich kann diese Aufgabe nicht lösen
> Bitte hilf mir doch einmal
> Ich hab es schon versucht

> Man, die ist doch ganz einfach
> Warum strengst du dich nicht mal allein an
> Na dann komm, da helfe ich dir

2 Schreib zu den Sätzen ein Gespräch zwischen Ines und Laura auf. Beginne so:

Ines: „Ich kann diese Aufgabe nicht lösen."

Laura: _____

_____

_____

_____

_____

_____

3 Im folgenden Text fehlen die Satzschlusszeichen. Setze sie richtig ein.

Sörens Mutter meint: „Räum bitte noch deine Sachen weg, bevor du zum Training
gehst   "

Sören erwidert: „Kann ich das nicht machen, wenn ich wiederkomme   "

Seine Mutter entgegnet ein wenig gereizt: „Nein, das machst du bitte sofort   "

Sören säuselt: „Ach Mama, sei doch nicht so streng   Das werde ich nachher viel
besser machen   "

Die Mutter antwortet ihm: „Hattest du das beim letzten Mal nicht auch schon versprochen   "

Sören gibt zu bedenken: „Ja, aber da ist mir etwas dazwischen gekommen   ".

Seine Mutter ruft: „Und damit das nicht wieder passiert, wird jetzt aufgeräumt
Schluss, aus, basta   "

Ein Komma zwischen Haupt- und Nebensatz setzen 1

Hauptsätze und Nebensätze werden durch Kommas getrennt.
Ein Nebensatz wird durch eine Konjunktion (Verbindungswort) eingeleitet.
Die wichtigsten Konjunktionen, mit denen Nebensätze eingeleitet werden, sind:
als, bis, da, dass, nachdem, ob, obwohl, sodass, weil, wenn, damit.
Der Nebensatz reicht von der Konjunktion bis zum Prädikat am Ende:

Elias kriegte den Schulbus nicht mehr, **weil** *er zu spät aufstand* **war**.

| Hauptsatz | Konjunktion Prädikat |
| | Nebensatz |

1 In jeden Satz musst du ein Komma einsetzen. Lies dir Satz für Satz erst einmal laut vor und setze dort ein Komma, wo du beim Sprechen eine kleine Pause machen würdest.

Bus verpasst!

a) Der Bus fuhr gerade ab als Elias heute Morgen zur Bushaltestelle kam.

b) Er verpasste ihn wieder einmal obwohl er so schnell gerannt war.

c) Er hätte den Bus noch gekriegt wenn er etwas früher aufgestanden wäre.

d) Er ging also wieder nach Hause weil er jetzt mit dem Rad fahren musste.

e) Elias kam in der Schule an nachdem der Unterricht begonnen hatte.

2 Und nun markiere in den Sätzen oben die Konjunktion am Anfang des Nebensatzes und das Prädikat am Ende. Beachte: Das Prädikat besteht manchmal aus zwei Wörtern!

3 Markiere auch in den folgenden Sätzen den Nebensatz. Stelle dann die Sätze so um, dass der Satz mit dem Nebensatz beginnt. Dabei ändert sich im Hauptsatz die Reihenfolge etwas:
Wenn er früher aufgestanden wäre, hätte Elias den Bus noch gekriegt.
Setze dann am Ende des Nebensatzes das Komma!

a) Elias hätte den Bus noch gekriegt wenn er früher aufgestanden wäre.

_____

_____

b) Er musste seine Schulsachen noch einpacken weil er es am Abend nicht getan hatte.

_____

_____

c) Davon hatte er auch nichts mehr dass er dann zum Bus rennen musste.

_____

_____

Ein Komma zwischen Haupt- und Nebensatz setzen 2

als, bis, da, dass, nachdem, ob, obwohl, sodass, weil, wenn, damit

1 In den folgenden Sätzen fehlen immer die Konjunktionen und die Kommas. Suche dir eine Konjunktion aus dem Kasten aus und setze sie ein. Es muss immer eine andere sein! Setze das Komma an die richtige Stelle.

a) Elias hätte den Bus noch gekriegt _____ er nicht verschlafen hätte.

b) So musste er mit dem Rad zur Schule fahren _____ der Bus weg war.

c) Er kam aber nicht rechtzeitig zum Unterricht _____ er den Bus verpasst hatte.

d) Das nächste Mal wird er seine Sachen am Abend ordnen _____ er morgens

mehr Zeit hat.

e) Lieber will er ein paar Minuten warten _____ der Schulbus kommt.

f) Er möchte nämlich nicht _____ ihm so etwas noch einmal passiert.

2 In den folgenden Sätzen stehen jeweils zwei Hauptsätze nebeneinander. Verbinde sie zu einem Hauptsatz mit einem Nebensatz. Dabei soll immer der zweite Satz der Nebensatz sein. Die Konjunktion steht hinter den Sätzen. Schreibe die Sätze in die Zeilen. Vergiss die Kommas nicht!

a) Elias kommt nicht gern zu spät. Er ist eigentlich ein pünktlicher Junge. (da)

b) Doch er verschläft schon einmal. Er ist abends zu spät ins Bett gegangen. (wenn)

c) Manchmal liest er auch noch im Bett. Das Buch ist so spannend. (weil)

d) Die Geschichte hat ihn so aufgeregt. Er kann nicht einschlafen. (dass)

_____

_____

_____

_____

_____

_____

Ein Komma bei *dass*-Sätzen setzen 1

Das Wörtchen *dass* steht oft nach Sätzen, in denen solche Verben vorkommen:

Ich weiß, dass…… Er meinte, dass….. Sie glaubte, dass…… Alle hofften, dass ….

Er sagt, dass…. Ich habe gesehen, dass ….. Sie wollte, dass…..

Vor dem *dass* steht ein Komma.

1 Markiere in allen Sätzen das Wörtchen *dass* und das vorausgegangene Verb. Setze die fehlenden Kommas.

> Wir wünschen uns sehr dass unsere Klassenfahrt diesmal an die Ostsee geht.
> Frau Fischer, unsere Klassenlehrerin, hat gestern angedeutet dass es vielleicht damit klappt. Sie hat uns erzählt dass sie mit einem Schullandheim auf Rügen Verbindung aufgenommen hat. Und sie vermutet dass sie uns in der nächsten Woche Genaueres sagen kann. Alle von uns hoffen nun dass vom Schullandheim eine Zusage kommt.

2 Schreibe die Verben im Infinitiv (Grundform) mit dem Wörtchen *dass* heraus.
Setze dazwischen ein Komma.

wünschen, dass; _____

_____

3 Schreibe die folgenden Sätze so auf, dass der dass-Satz hinten steht.
Achte auf das Komma vor *dass*.

a) Dass du mir helfen wirst, wusste ich wirklich nicht.

b) Dass Max beim Spiel gern mogelt, ahnten wir doch alle.

c) Dass es Franzi bald wieder besser geht, hoffen wir sehr.

d) Dass wir morgen kein Mathe haben, wussten nur wenige von uns.

Ich wusste wirklich nicht, dass … _____

_____

_____

_____

_____

Ein Komma bei *dass*-Sätzen setzen 2

1 Mit dem Wörtchen *dass* sollst du die Satzanfänge links mit den Sätzen rechts verbinden
Dazu musst du den Satz rechts jeweils umstellen. Achte auf das Komma vor *dass*.

a) Ein Amerikaner fand als Erster heraus –   Mit einem Boot kann man auch unter
                                               dem Wasser fahren.

*Ein Amerikaner fand als Erster heraus, <u>dass</u> man mit einem Boot auch unter
dem Wasser fahren kann.*

b) Die Chronik berichtet –   Der erste bemannte Flug in
                                der Geschichte erfolgte
                                mit einem Heißluftballon.

_____

_____

c) Es war schon sehr tragisch –   Otto Lilienthal verunglückte
                                    nach vielen Gleitflügen.

_____

_____

d) Niemand konnte damals ahnen –   Mit einem kurzen Flug begann
                                     die moderne Fliegerei.

_____

_____

e) Drais hat mit seiner Erfindung
   bewiesen –   Man kann sich sehr schnell
                                  auf zwei Rädern fortbewegen.

_____

_____

f) Später erkannte Daimler –   Fahrräder können auch
                                 mit einem Benzinmotor
                                 angetrieben werden.

_____

_____

g) Heute erinnert man sich kaum noch –   Das erste Auto der Welt hatte nur drei Räder.

_____

_____

Stratego 6

Lösungen
ISBN 978-3-14-124066-5

Seite 4

1 streiten: abstreiten, gestritten, der Streit; nehmen: annehmen, genommen, nimmt; treffen: getroffen, traf, das Treffen; fallen: auffallen, fiel, gefällt; treten: getreten, trat, die Trittleiter

2 bat, kam, griff, ritt, genommen, gekniffen, fiel

Seite 5

1 eckig, ekelig, jucken, kleckern, melken, parken, quieken, spuken/spucken, stinken, streiken, trocken, zanken

2 flitzen, ganz, heizen, purzeln, schmelzen, schnäuzen, schnitzen, überkreuzen, wälzen, falzen

3 kitzeln, Bäcker, putzen, Akkusativ, wecken, Witze, Pizza, putzig, Klecks, kicken, Schätze, meckern

4 Hektik, Romantik, Plastik, Elektrik, Mathematik, Statistik, Automatik.

Seite 6

2 stürzen, winzig, Anker, stinken, lenken, Salz

3 er/sie/es scherzt, stürzt, würzt, schmilzt, kratzt, blitzt, vernetzt sich, verletzt sich

Seite 7

1 Man schreibt *purzeln* mit z, weil vor dem z ein anderer Konsonant steht.

3 Trapezkünstler, Schweiz, wirklich, Witzbolde, überkreuz, flitzten, quiekte, Backenbart, Schlitzohr, erschreckten, purzelte, gespreizten, Netz, Musik, wirklich, Tick, witzigen, Ganze, Spuk, fetzig

Seite 8

1 die Gläser, die Gräser, wir saßen, die Späße, wir lasen, sie fraßen, sie gießen, sie rasen, wir sausen, sie schießen, sie schließen, sie verreisen, sie brausen, sie schmusen, sie niesen, sie bliesen, die Lose, die Klöße, die Kreise, die Maße

2 Früher hielten sich manche Leute einen Frosch. Der <u>saß</u> in einem <u>großen</u> Glas. Unten war Wasser und <u>Kies</u> und frisches <u>Moos</u> drin. Wenn das Wetter <u>mies</u> war, dann wurde viel gehustet und <u>geniest</u>. Und dann hatte auch der Frosch keinen <u>Spaß</u> am Wetter und blieb unten im <u>Moos</u> sitzen. Wenn es aber am Tag warm oder gar <u>heiß</u> werden sollte, dann kletterte der Frosch auf einer Leiter nach oben. Er <u>blies</u> sich auf und quakte. Daraus <u>las</u> man ab, wie das Wetter werden könnte. Aber nur vielleicht! Denn genau <u>ließ</u> sich das doch nicht vorhersagen.

Seite 9

1 sie isst, er misst, er fasst, es passt, sie vergisst, ihr wisst

2 er hat gebissen, es ist gerissen, er hat geschossen, sie hat es genossen, alles ist zerflossen, die Tür ist verschlossen

3 Der witzige Zoo-Elefant: Der Elefant taucht seinen <u>Rüssel</u> ganz weit hinunter in die <u>Schüssel</u>. Er saugt das <u>Wasser</u> tief hinein, dann <u>schießt</u> er's in die Leute rein. Und alle werden <u>pudelnass</u>, als <u>säßen</u> sie in einem <u>Fass</u>.

Die arme Wasserratte: In einem <u>großen</u> <u>Regenfass</u> 'ne dicke <u>Wasserratte</u> saß. Sie hatte daran <u>großen</u> <u>Spaß</u>, obwohl: sie war schon ziemlich <u>nass</u>. In diesem <u>Fass</u> drei Tage <u>saß</u> sie, doch wie man rauskommt, das <u>vergaß</u> sie.

Seite 10

1 besonders, bis, damals, deshalb, dies, diesmal, etwas, fest, gestern, hinaus, los, meistens, niemals, raus

2 3 Buchstaben: bis, los; 4 Buchstaben: raus, fest, dies; 5 Buchstaben: etwas; 6 Buchstaben: hinaus, damals;

7 Buchstaben: deshalb, diesmal, niemals, gestern; 8 Buchstaben: meistens; 9 Buchstaben: besonders

3 Ich war <u>gestern</u> wieder einmal im Kino.
Der Film hat mir <u>besonders</u> gut gefallen.
<u>Deshalb</u> habe ich ihn heute noch einmal gesehen.
Ich tue das sonst <u>niemals</u>.
Aber <u>diesmal</u> musste ich mir ihn doch noch einmal ansehen.

4 Zeugnis, Erlebnis, Gleichnis, Zirkus, Autobus, Krokus

Seite 11

3 Richtig sind die Aussagen b und c.

4 gießen, gießt, goss, gegossen, Gießkanne, ...

5 Weil Gras von Gräser kommt und Spaß von Späße/spaßig.

6 a) Gestern spielten wir <u>draußen</u> Fußball. / b) Doch leider regnete es und war schrecklich <u>nass</u>. / c) Die <u>meisten</u> Bälle wurden am Tor vorbeigeschossen. / d) Und manche Schüsse konnte der Torwart kaum <u>festhalten</u>, / e) weil der Ball zu glatt war. Das war echt <u>krass</u>! / f) So <u>musste</u> sich unsere Mannschaft geschlagen geben. / g) Aber es hat trotzdem viel <u>Spaß</u> gemacht.

Seite 12

2 b: leben, Rabe; d: blöde, Boden, Laden, müde; f: Ofen, Ufer, Tafel, Strafe; g: fegen, Frage, sagen; l: fühlen, kühler, wählen; m: lahmen, rühmen, Rahmen; n: lehnen, Sahne, stöhnen;
r: mehrere, fahren, kehren

3 Eine Dehnungs-h steht überhaupt nur dann, wenn die 2. Silbe mit den Buchstaben l, m, n, r beginnt. Vor den Buchstaben b, d, f, g kommt nie ein Dehnungs-h vor.

4 ohne h: schwafeln, tadeln, vergebens, verzagen; mit h: höhnisch, nachahmen, prahlen, gewähren

Seite 13

2 Wörter mit Sch / sch am Anfang: Schale, Schemel; Wörter mit Qu / qu am Anfang: quälen, quer, ...; Wörter mit T / t am Anfang: Töne, Tür, Tor, ...; Wörter mit Gr / gr am Anfang: grölen, grün, ...; Wörter mit Kr / kr am Anfang: Kram, Kran, Krone, ...; Wörter mit P / p am Anfang: Poren, Polen, pur, ...; Wörter mit Pl / pl am Anfang: planen, Plane

3 In manchen Wörtern mit einem langen Vokal steht ein **Dehnungs-h** – aber längst nicht in allen! Es steht niemals dann, wenn vor dem langen Vokal die Buchstaben *sch, qu, t, gr, kr, p, pl* stehen.

4 Träne – Mähne, kahl – schmal, Ohren – Poren, Kuhle – Schule, spülen – wühlen, wehren – schwören, kehren – überqueren, stehlen – schwelen

5 <u>johlen</u>, grölen, schwer, <u>mehr</u>, <u>wühlen</u>, spülen, <u>wählen</u>, schälen, Schnur, <u>Uhr</u>, <u>Ohren</u>, Sporen, <u>Zähne</u>, Kräne, <u>verwöhnen</u>, übertönen

Seite 14

1 Geländer – Land, bräunlich – braun, tatsächlich – Sache, schäumen – Schaum, gefährlich – Gefahr, Fäuste – Faust, Gefängnis – gefangen, Zäune – Zaun, täglich – Tag, Gebäude – Bau, Täler – Tal, träumen – Traum

2 ängstlich, die Angst, sich ängstigen, verängstigt / die Gefahrenquelle, gefährlich, gefährden, die Gefährdung / sich täuschen, der Tausch, enttäuscht, jemanden täuschen / länger, lang, verlängern, die Verlängerung / der Verstand, verständlich, die Verständigung, das Verständnis

3 jemanden täuschen, jemanden betreuen, etwas verstreuen, jemanden überzeugen, etwas bereuen, jemanden betäuben, etwas wegräumen

Seite 15
1 blieb, flog, gab, schrieb, lag, betrog,
rund, gesund, schräg, fremd, grob, gelb
2 bleiben. fliegen, geben, schreiben, liegen, betrügen
3 runder, gesünder, schräger, fremder, gröber, gelber
4 er/sie/es wagt, liegt, siegt, fragt, lobt, tobt, schreibt, treibt
5 piept, siegt, pupt, schreibt, bleibt, trabt, überhaupt,
Horoskop, staubt, schraubt, übt, ziept

Seite 16
1 annehmen, annageln, aussehen, ausstehen, weggehen,
weggucken
2 unterrühren, unterrichten; zerrühren, zerreißen, zerrup-
fen; verraten, verrühren, verreißen, verrenken, verrichten
3 Gestern ist der <u>Unterricht</u> ausgefallen. / Wenn du Rührei
machst, musst du etwas Milch <u>unterrühren</u>. / Du solltest
nicht <u>weggucken</u>, wenn sich jemand verletzt, sondern helfen.
Geheimnisse sollte man niemals <u>verraten</u>. / Er wollte das Geschenk nicht <u>annehmen</u>. / Sie konnte nicht <u>voraussehen</u>,
was ihr dann passiert ist. / Er hat sich beim Stolpern den Fuß
<u>verrenkt</u>.

Seite 17
1 Endergebnis, endgültig, endlos, Endrunde, Endstand,
Endstation
2 verenden, unendlich, beenden, endlich, enden, endlos
3 Ein Buchstabe, der am Ende eines Wortes steht, ist der
<u>Endbuchstabe</u>. / Der Stand, der am Ende eines Fußballspiels
feststeht, ist der <u>Endstand</u>. / Das Meer dehnt sich endlos
nach Westen aus. / Ich habe jetzt <u>endlich</u> genug von dir! / Ich
musste mit dem Bus bis zur <u>Endstation</u> fahren. / Unsere Klasse kam bei dem Turnier bis in die <u>Endrunde</u> vor. / Nach einer
langen Reise waren wir <u>endlich</u> angekommen.

Seite 18
1 Ent-: Entfernung, Entspannung, Entscheidung,
Entdeckung, Enttäuschung, Entschuldigung;
ent-: entsetzlich, entzwei, entlang, entführen, entgegen
2 Die Fahrt im Auto hat <u>entsetzlich</u> lange gedauert, / und wir
hatten alle <u>endgültig</u> die Nase voll. / Doch dann waren wir
<u>endlich</u> auf der Insel angekommen. / Nun konnten wir abchil-
len und uns <u>entspannen</u>. / Ich habe mich entschieden, gleich
einmal über die Düne zu gehen. / Das Wetter war entgegen
dem Wetterbericht wunderschön. / Ich spazierte am Meer
<u>entlang</u> / und sah in die <u>unendliche</u> Weite.

Seite 19
1 -ig: lässig, lebendig, niedrig, richtig, wenig, winzig; -lich:
ehrlich, höflich, plötzlich, sachlich, wirklich, ziemlich
2 -ig: durstig, giftig, gruselig, lustig, nebelig, schuldig, spa-
ßig, windig; -lich: ärgerlich, freundlich, heimlich, herrlich,
herzlich, peinlich, schrecklich, schriftlich

Seite 20
1 ehr-lich, viel-leicht, ent-we-der, mög-lich, Un-ter-richt,
end-lich, ver-ra-ten, we-nig, ziem-lich, rich-tig
2 ehrlich, endlich, entweder, möglich, richtig, Unterricht,
verraten, vielleicht, wenig, ziemlich
3 Das kürzeste Wort: wenig / Wörter mit 7 Buchstaben: ehrlich, möglich, endlich / mit 8 Buchstaben: entweder, verraten, ziemlich / die längsten Wörter: vielleicht, Unterricht
4 Wörter mit -ent: entdecken, entführen, entgleisen, ent-
kommen, entlassen, ...
Wörter mit end-: Endspurt, endgültig, endlos, Endspiel, ...

Seite 21:
1 vor l, m, n, r
3 sch, t, gr, p, kr
4 weil das eine l zu *viel* gehört und das andere zu *leicht*.
5 Richtig sind die Aussagen a und c
7 Richtig sind die Aussagen c und d
8 ~~Untericht~~, ~~gruselich~~, <u>verrückt</u>, ~~schähmen~~, <u>quälen</u>,
<u>stöhnen</u>, <u>Entfernung</u>, ~~Entstation~~

Seite 22
2 Hexenbrei, Mix, Moos, Teer, Pfützentee, Keks, Kaffee,
Schnee, Ochsendreck, Bohnerwachs, Achselschweiß, Lachs,
Tollkirschbeere, Meere, Klecks, extra

Seite 23
1 und 2 Interesse – interessieren, Gratulation – gratulieren,
Formular – formulieren, Diskussion – diskutieren, Programm
– programmieren, Automat – automatisieren, Trainer – trainieren,
Experiment – experimentieren, Information – informieren, Eti-
kett – etikettieren, Respekt – respektieren, Reparatur – reparieren

Seite 25
2 großgeschriebene Zeitangaben: gegen Morgen, eines Mittags, am Freitagmorgen, den ganzen Abend, am Morgen, am
Nachmittag
kleingeschriebene Zeitangaben: nachts, abends, montags,
vormittags, dienstagvormittags, morgen früh

Seite 26
1 die Prüfung, in diesem Herbst, die beiden Jungen, zum Jagen, vor drei Tagen, am Morgen, ihre Lanzen, auf den Weg,
zum Wald, in der Nähe, ihre Nahrung, den Früchten, des
Waldes, einem Hasen, ihre Prüfung, eine Beute, die Dämmerung, vor Müdigkeit, ein Knacken, ein Stampfen, ein Irrtum,
eine Herde, der Waldelefanten, aus Erzählungen, der erfahrenen Jäger, bedrohte Elefantenmütter, einen Baum, ihrer
Nähe, die Tiere, ein graues Wesen, mit langsamen Schritten

Seite 27
1 a) Jeder wollte das Knusprige vom Braten haben. / b) Beim
Basketballspiel haben es die Kleinen schwerer als die Groß-
en. / c) Zuschauer mögen es, wenn in Filmen der Gute über
den Bösen siegt. / d) Oft sieht der Reiche gar nicht, wie
schlecht es dem Armen geht. / e) Der Hubschrauber brachte
den Kranken ins Krankenhaus.
2 Während des langen Volleyballturniers war unsere Schulmannschaft ungeschlagen geblieben. Auch die <u>Neuen</u> in
dem Team hatten gute Leistungen gezeigt. Im Endspiel zog
aber die bis dahin erfolgreichste Mannschaft den <u>Kürzeren</u>.
Diesmal waren sie die <u>Schwächeren</u> im Spiel. Die <u>Stärkeren</u>
waren die Spielerinnen aus der Nachbarschule.

Seite 28
1 und 2 viel Neues, nichts Ungewöhnliches, alles Wichtige,
wenig Erfreuliches, etwas Warmes, manches Gute; Wort ohne
Signal: etwas früher

Seite 29
1 beim Einbrechen, am Einsteigen, im Vermeiden, das Heu-
len, im Auffinden, beim Untersuchen, zum Naschen, das Wie-
gen, vom Stehlen; Lösungswort: Diebstahl

Seite 30
2 die putzigen Kleinen, den kleinen Nagern, die Zeiten,
nichts Fressbares, beim Suchen, nach Nahrung, das Sammeln, ihr Mut, die Entfernung, zum Bau, ihr Zischen

Seite 31
1 Manche Zeitangaben werden kleingeschrieben und manche werden großgeschrieben. / Die Wörter *viel* und *etwas*
sind ein Signal für die Großschreibung von Adjektiven.
2 Heiserkeit, Dunkelheit, Festung, Eigentum/Eigenheit/Ei-
genschaft, Finsternis, Schönheit
3 Ich komme „nachmittags" aus der Schule. Hier wird
„nachmittags" kleingeschrieben, weil am Ende der Zeitangabe ein s steht. / Ich habe „eines Nachmittags" einen platten
Fahrradreifen bekommen. Hier wird „Nachmittags" großgeschrieben, weil vor der Zeitangabe ein Artikel steht.
4 Demab, Koni, Milf, Nespandes, Luck

5 Gestern Abend war ich mit einem Freund im Kino. Dort haben wir einen tollen Film geguckt. So etwas Spannendes habe ich lange nicht mehr gesehen. Als wir nach Hause gingen, begann es zu regnen. Zum Glück wurden wir nur etwas nass. Unsere Jacken waren bald wieder trocken.

Seite 32

1 Getrennt: dieses Mal, manches Mal, letztes Mal, zum zweiten Mal, jedes Mal, voriges Mal, einige Male / Zusammen: diesmal, manchmal, keinmal, vielmal, einmal, zweimal, noch einmal, allemal

2 Mary ist schon zum zweiten Mal zu spät in die Schule gekommen. Dieses Mal waren es zehn Minuten! Und wie jedes Mal versprach sie: Diesmal ist es das letzte Mal gewesen! Ich denke: Sie wird sicher noch einige Male zu spät kommen. Aber Mary ist dann tatsächlich keinmal mehr zu spät gekommen. Manchmal irrt man sich eben!

3 ZEHNMAL / MITEINEMMAL / ZUMLETZTENMAL / NOCHEINMAL / DASNÄCHSTEMAL: zehnmal, mit einem Mal, zum letzten Mal, noch einmal, das nächste Mal

Seite 33

1 gar: gar nicht, gar kein, gar keine, gar nichts; zu: zu oft, zu viele, zu wenig; wie: wie wenig, wie viele, wie sehr, wie oft, wie weit; so: so viel, so sehr, so weit, so lange, so gut, so etwas

2 Daran habe ich gar nicht / zu wenig gedacht. Ich habe gar keine Lust, mit dir zu spielen. Für die Mathe-Arbeit habe ich gar nicht / zu wenig / so lange geübt. Ich meine, es kann gar nicht passieren. Wie lange haben wir uns eigentlich nicht mehr gesehen?

3 Mir hat irgendjemand / irgendeiner / irgendwer meine Jacke gestohlen. Ich fühle mich heute irgendwie nicht gut. Sie ist einfach irgendwo / irgendwie verschwunden.

Seite 34

1 herüberkommen, herüberfahren; vorbeikommen, vorbeifahren, vorbeigehen, vorbeilaufen; zurückkommen, zurückfahren, zurückgehen; zusammenkommen, zusammenfahren, zusammenlaufen, zusammenprallen; runterkommen, runtergehen, runterstürzen; hineinfahren, hineingehen, hineinlaufen

2 Sie nahm sich vor, morgen bei ihm vorbeizukommen. Und dann ist sie auch tatsächlich bei ihm vorbeigekommen. / Er war ganz vorsichtig gefahren, um nicht mit ihr zusammenzuprallen. Leider ist er dann doch mit ihr zusammengeprallt. / Sie hatte die Absicht, am Nachmittag wieder zurückzufahren. Doch dann ist sie erst mit dem letzten Bus zurückgefahren. / Er hielt sich am Geländer fest, um die Leiter nicht hinunterzustürzen. Doch dann ist er abgerutscht und doch hinuntergestürzt. / Er hatte kaum noch die Kraft, das Training durchzustehen. Doch mit großer Anstrengung hat er es dann doch durchgestanden.

Seite 35

1 Gitarre spielen, Schlittschuh laufen, Auto fahren, Bratwurst essen, Kuchen backen, Schlange stehen

2 beim Gitarrespielen, beim Schlittschuhlaufen, beim Autofahren, beim Bratwurstessen, beim Kuchenbacken, beim Schlangestehen

3 Am Frühstückstisch treffe ich meine Mutter beim Zeitunglesen an. Am Abend hilft sie mir manchmal beim Vokabelnlernen. Für die Rechtschreibung muss ich eine Menge Wörter üben. Das Fußballspielen im Verein macht mir großen Spaß. Morgen treffen wir uns zum Plätzchenbacken bei uns.

Seite 36

1 a) Der Pfeil durchbohrte die Holzwand. / b) Die Einbrecher hinterließen keinerlei Spuren. / c) Gestern Abend wiederholte ich noch einmal die Vokabeln. / d) Nach dem Schreiben musste ich meinen Text etwas überarbeiten. / e) Wir hatten die gegnerische Mannschaft unterschätzt. / f) Auf der Straße ist eine große Menschenmenge zusammengelaufen.

2 an- anlaufen, angeben, anspitzen, anrempeln, ... / ab- abgeben, abfahren, abholen, abzocken, ... / herüber- herüberkommen, herüberreichen, herüberwinken, ... / rein- reinkommen, reingehen, reinfallen, ... / vorbei- vorbeikommen, vorbeigehen, vorbeifahren, vorbeilassen, ... / zurück- zurückkommen, zurückfahren, zurücksetzen, ...

3 Wir haben diesmal verloren, aber letztes Mal haben wir gewonnen. Das ist halt manchmal so. Doch nächstes Mal gewinnen wir wieder. Denn zweimal hintereinander verlieren wir nicht!

Seite 37

1 einmal, zweimal, viele Male, mehrmals, dieses Mal, keinmal, nächstes Mal

2 gar nichts, gar keine, irgendwo, irgendjemand, zu wenig, so gut

3 vorbeikommen, zusammenlegen, zurückgelaufen, vorbeizugehen, reinlegen

4 Ich muss noch die Zeitung lesen. Ich bin beim Fußballspielen. Ich kann gut Flöte spielen. Das Schlangestehen langweilt mich.

5 a) Sie verabredeten sich zusammenzukommen. b) Hat dich irgendjemand gehört?
c) Ich bin manchmal traurig. d) Ich hab doch gar nichts getan!

Seite 38

1 Ich kann diese Aufgabe nicht lösen. Man, die ist doch ganz einfach! Bitte hilf mir doch einmal! Warum strengst du dich nicht mal allein an? Ich hab es schon versucht. Na dann komm, da helfe ich dir!

2 Ines: „Ich kann diese Aufgaben nicht lösen." Laura: „Man, die ist doch ganz einfach!" Ines: „Bitte hilf mir doch einmal!" Laura. „Warum strengst du dich nicht mal allein an?" Ines: „Ich habe es schon versucht." Laura: „Na dann komm, da helfe ich dir!"

3 Sörens Mutter meint: „Räum bitte noch deine Sachen weg, bevor du zum Training gehst!" Sören erwidert: „Kann ich das nicht machen, wenn ich wiederkomme?" Seine Mutter entgegnet ein wenig gereizt: „Nein, das machst du bitte sofort!" Sören säuselt: „Ach Mama, sei doch nicht so streng! Das werde ich nachher viel besser machen." Die Mutter antwortet ihm: „Hattest du das beim letzten Mal nicht auch schon versprochen?" Sören gibt zu bedenken: „Ja, aber da ist mir etwas dazwischen gekommen." Seine Mutter ruft: „Und damit das nicht wieder passiert, wird jetzt aufgeräumt. Schluss, aus, basta!"

Seite 39

1 und 2 a) Der Bus fuhr gerade ab, als Elias heute Morgen zur Bushaltestelle kam. / b) Er verpasste ihn wieder einmal, obwohl er so schnell gerannt war. / c) Er hätte den Bus noch gekriegt, wenn er etwas früher aufgestanden wäre. / d) Er ging also wieder nach Hause weil er jetzt mit dem Rad fahren musste. / e) Elias kam in der Schule an, nachdem der Unterricht begonnen hatte.

3 Wenn er früher aufgestanden wäre, hätte Elias den Bus noch gekriegt. Weil er es am Abend nicht getan hatte, musste er seine Schulsachen noch einpacken. Dass er zum Bus rennen musste, davon hatte er auch nichts mehr.

Seite 40

1 a) Elias hätte den Bus noch gekriegt, wenn er nicht verschlafen hätte. b) So musste er mit dem Rad zur Schule fahren, da/weil/nachdem der Bus weg war. c) Er kam aber nicht rechtzeitig zum Unterricht, da/weil/nachdem er den Bus verpasst hatte. d) Das nächste Mal wird er seine Sachen am Abend ordnen, sodass/damit er morgens mehr Zeit hat. e) Lieber will er ein paar Minuten warten, bis der Bus kommt. f) Er möchte nämlich nicht, dass ihm so etwas noch einmal passiert.

2 a) Elias kommt nicht gern zu spät, da er eigentlich ein pünktlicher Junge ist. b) Doch er verschläft schon einmal, wenn er abends zu spät ins Bett gegangen ist. c) Manchmal liest er auch noch im Bett, weil das Buch so spannend ist. d) Die Geschichte hat ihn so aufgeregt, dass er nicht einschlafen kann.

Seite 41

2 wünschen, dass; andeuten, dass; erzählen, dass; vermuten, dass; hoffen, dass

3 a) Ich wusste wirklich nicht, dass du mir helfen wirst. b) Wir ahnten doch alle, das Max beim Spiel gern mogelt.. c) Wir hoffen sehr, dass es Franzi bald wieder besser geht. d) Nur wenige von uns wussten, dass wir morgen kein Mathe haben.

Seite 42

1 a) Ein Amerikaner fand als Erster heraus, dass man mit einem Boot auch unter dem Wasser fahren kann. b) Die Chronik berichtet, dass der erste bemannte Flug der Geschichte mit einem Heißluftballon erfolgte. c) Es war schon sehr tragisch, dass Otto Lilienthal nach vielen Gleitflügen verunglückte. d) Niemand konnte damals ahnen, dass mit einem kurzen Flug die moderne Fliegerei begann. e) Drais hat mit seiner Erfindung bewiesen, dass man sich sehr schnell auf zwei Rädern fortbewegen kann. f) Später erkannte Daimler, dass Fahrräder auch mit einem Benzinmotor angetrieben werden können. g) Heute erinnert man sich kaum noch, dass das erste Auto der Welt nur drei Räder hatte.

Seite 43

1 a) Jan stöhnt: „Unser Mathelehrer hat und uns 20 Rechenaufgaben aufgegeben." / b) „Wirst du heute Abend auch zum Training gehen?", fragt Karolin. / c) „Ich habe zum Geburtstag eine neues Mountainbike bekommen!, jubelt Cindy.

2 Roger geht zu seinem Vater und sagt: „Papa, können wir einmal über einen neuen Tarifvertrag verhandeln?" Sein Vater fragt: „Worüber willst du denn mit mir verhandeln?" „Ich dachte, wir sollten uns einmal über eine Taschengelderhöhung unterhalten", erklärt Roger. Der Vater schaut seinen Sohn ganz erstaunt an und fragt: „Taschengelderhöhung?" „Ich habe seit zwei Jahren keine Erhöhung mehr erhalten", meint sein Sohn. „Wenn ich mir das genau überlege hast du völlig Recht", erwidert sein Vater. Roger besitzt nun ab sofort einen neuen Taschengeldtarif.

Seite 44

1 Da es den ganzen Tag geregnet hatte, war die Rasenfläche völlig aufgeweicht. Dass dieses Versprechen nicht einzuhalten war, wusste er schon beim Gespräch. Obwohl sie zur Halbzeit noch zurücklagen, haben sie das Spiel noch gewonnen. Damit ich mir ein neues Fahrrad kaufen konnte, habe ich Zeitungen ausgetragen. Wenn alles gut verheilt ist, muss ich ab morgen keinen Gipsverband mehr tragen. Als das Gewitter vorüber war, konnte man einen tollen Regenbogen sehen.

2 Die Rasenfläche war völlig aufgeweicht, da es den ganzen Tag geregnet hatte. Er wusste schon beim Gespräch, dass er das Versprechen nicht halten konnte. Sie haben das Spiel noch gewonnen, obwohl sie zur Halbzeit noch zurücklagen. Ich habe Zeitungen ausgetragen, damit ich mir ein neues Fahrrad kaufen konnte. Ich muss ab morgen keinen Gipsverband tragen, wenn alles gut verheilt ist. Man konnte einen tollen Regenbogen sehen, als das Gewitter vorüber war.

3 Oliver sagte: „Gestern musste ich gleich nach der Schule zum Zahnarzt." „In der nächsten Woche haben wir am Mittwoch Training!", rief die Trainerin ihnen zu.

Seite 45

1 Zwischen Redeteil und Begleitsatz steht immer ein Komma. / Konjunktionen leiten Nebensätze ein.

2 Ihre trommelnden Hufen wirbeln den Schnee so auf, <u>dass er wie Nebel aussieht.</u> Ihre Nüstern sind weiß von Eiskristallen, <u>weil ihr rasender Atem in der eisigen Kälte gefriert.</u> <u>Obwohl es in der Steppe manchmal bis zu minus 40 Grad Celsius kalt ist</u>, trotzen die kleinen kräftigen Tiere diesen Bedingungen.
Die Pferde finden in der Steppe zwischen Wäldern und Bergen leichter Nahrung, <u>wenn der Schnee weggetaut ist.</u> Diese Pferde waren eine wichtige Voraussetzung für seinen Erfolg, <u>als der mongolische Herrscher Dschingis Khan seine Eroberungszüge unternahm.</u> <u>Da heute ausdauernde Reittiere in der Mongolei nicht mehr so benötigt werden</u>, nimmt die Zahl der zähen Pferde von Jahr zu Jahr ab.

3 Wenn der Schnee weggetaut ist, finden die Pferde in der Steppe zwischen Wäldern und Bergen leichter Nahrung. Als der mongolische Herrscher Dschingis Khan seine Eroberungszüge unternahm, waren diese Pferde eine wichtige Voraussetzung für seinen Erfolg. Die Zahl der zähen Pferde nimmt von Jahr zu Jahr ab, da heute ausdauernde Reittiere in der Mongolei nicht mehr so benötigt werden.

Seite 46

1 Brennnessel, Interesse, Kartoffelschalen, Kran, Obstsalat, Reparatur, Silvester, Sonntagabend, Trainer, Weihnachten

2 4 Buchstaben: Kran; 7 Buchstaben: Trainer; 9 Buchstaben: Reparatur, Interesse, Silvester, Obstsalat; 11 Buchstaben: Brennnessel, Weihnachten; 12 Buchstaben: Sonntagabend; 16 Buchstaben: Kartoffelschalen

3 1 Silbe: Kran; 2 Silben: Trai-ner; 3 Silben: Brenn-nes-sel, Sonn-tag-abend, Weih-nach-ten, Sil-ves-ter, Obst-sa-lat; 4 Silben: In-te-res-se; 5 Silben: Kar-tof-fel-scha-len

4 Trainer, Training, trainieren, …; Interesse, interessant, interessieren, …; Reparatur, reparieren, …; Schalen, schälen,…

6 Brennnessel, Sonntagabend, Kartoffelschalen, Trainer, Reparatur, Interesse, Weihnachten, Silvester, Kran, Obstsalat

7 die: Brennnessel, Kartoffelschalen, Reparatur; der: Sonntagabend, Trainer, Kran, Obstsalat; das: Interesse; (das) Weihnachten und (der/das) Silvester kommen meistens ohne Artikel vor.

Seite 48

Drachenfest
Auf dem Drachenfest gestern <u>Nachmittag</u> gab es eine Menge zu sehen. Da gab es die kleineren Drachen der Kinder. Doch die richtigen Drachenprofis zeigten ihre Modelle mit einer Spannweite von bis zu fünf <u>Metern</u>. Am Himmel <u>tummelten</u> sich einfache Drachen und Gebilde, die bis zu 35 Meter lang <u>waren</u>. Leider <u>gab</u> es am <u>Anfang</u> nicht <u>genug</u> Wind, sodass manche Drachen <u>gar nicht</u> erst in die Höhe <u>kamen</u>. Doch als dann der Wind ordentlich <u>blies</u>, standen die <u>meisten</u> Drachen hoch in den Wolken. Es war toll, sie dort oben <u>herumkurven</u> zu sehen. Die Pofis konnten <u>natürlich</u> richtige Kunststücke mit ihnen machen. Doch es <u>passierte</u> auch einmal ein kleines <u>Unglück</u>. Die <u>Schnüre</u> eines Riesendrachens verhakten sich in die Seile eines Kinderdrachens. Beide sind abgestürzt, und es dauerte <u>ziemlich</u> lange, bis sie wieder starten konnten. Die Zuschauer haben natürlich darüber gelacht, obwohl es für die Besitzer der Drachen <u>überhaupt</u> nicht zum Lachen war. Als schönster Drachen wurde eine große japanische Schlange gewählt. Der Sieger erhielt einen <u>Preis</u> und war glücklich. Noch lange standen die Zuschauer an den Ständen und aßen Bratwurst oder Pommes. Es war ein <u>fröhliches</u> Fest.

Einen Begleitsatz voran- oder nachstellen

Bei der wörtlichen Rede kann der Begleitsatz vor dem Redeteil stehen oder ihm folgen.
Ist der Begleitsatz **vorangestellt**, steht zwischen ihm und dem Redesatz **ein Doppelpunkt**.
Ist der Begleitsatz **nachgestellt**, steht zwischen Redesatz und Begleitsatz **ein Komma**.

Nadine meint: „Bald machen wir eine Klassenfahrt nach Bad Segeberg."

„Dafür habe ich mir extra einen neuen Tischtennisschläger gekauft!", ruft Sandro.

1 Verwende auch die folgenden Beispielsätze mit einem voran- oder nachgestellten Begleitsatz.

a) Jan: Unser Mathelehrer hat uns 20 Rechenaufgaben aufgegeben.

Jan stöhnt: „Unser ...

_____

_____

b) Karolin: Wirst du heute Abend auch zum Training gehen?

_____

_____

c) Cindy: Ich habe zum Geburtstag ein neues Mountainbike bekommen!

_____

_____

2 Markiere in diesem Text die Redeteile farbig.
Setze dann die fehlenden Rede- und Satzzeichen ein.

Roger geht zu seinem Vater und sagt Papa, können wir einmal über einen neuen
Tarifvertrag verhandeln ☐ Sein Vater fragt Worüber willst du denn mit mir
verhandeln ☐ Ich dachte, wir sollten uns einmal über eine Taschengelderhöhung
unterhalten erklärt Roger ☐ Der Vater schaut seinen Sohn ganz erstaunt an und
fragt Taschengelderhöhung ☐ Ich habe seit zwei Jahren keine Erhöhung mehr
erhalten meint sein Sohn ☐ Wenn ich mir das genau überlege, hast du völlig Recht
erwidert sein Vater ☐ Roger besitzt nun ab sofort einen neuen Taschengeldtarif.

Übungen

1 Die folgenden Sätze beginnen mit einem Nebensatz, denen ein Hauptsatz folgt.
Es fehlt jedoch das Komma, das beide trennt. Setze es jeweils ein.

> Da es den ganzen Tag geregnet hatte war die Rasenfläche völlig aufgeweicht.
>
> Dass dieses Versprechen nicht einzuhalten war wusste er schon beim Gespräch.
>
> Obwohl sie zur Halbzeit noch zurücklagen haben sie das Spiel dennoch gewonnen.
>
> Damit ich mir ein neues Fahrrad kaufen konnte habe ich Zeitungen ausgetragen.
>
> Wenn alles gut verheilt ist muss ich ab morgen keinen Gipsverband mehr tragen.
>
> Als das Gewitter vorüber war konnte man einen tollen Regenbogen sehen.

2 Stelle die Sätze nun so um, dass sie jeweils mit dem Hauptsatz beginnen. Schreibe sie auf
und vergiss nicht, auch hier das Komma zu setzen.

_____

_____

_____

_____

_____

_____

3 In den folgenden Sätzen wurde der markierte Begleitsatz eingeschoben. Stelle die Sätze so
um, dass Satz a) mit dem Begleitsatz beginnt und in Satz b) der Begleitsatz nachgestellt ist.

a) „Gestern musste ich", <u>sagte Oliver</u>, „gleich nach der Schule zum Zahnarzt."

_____

_____

b) „In der nächsten Woche", <u>rief die Trainerin ihnen zu</u>, „haben wir am Mittwoch
Training!"

_____

_____

Überprüfe dich selbst

1 Nur zwei der Aussagen sind richtig. Kreuze die richtigen Aussagen an. ○

☐ Zwischen Redeteil und Begleitsatz steht immer ein Komma.

☐ Zwischen Redeteil und Begleitsatz steht nie ein Komma.

☐ Zwischen einem einleitenden Begleitsatz und dem Redeteil steht immer ein Komma.

☐ Das Komma kann wie das Ausrufezeichen oder das Fragezeichen auch am Satzende stehen.

☐ Zwischen Nebensatz und Hauptsatz steht nie ein Komma.

☐ Konjunktionen leiten Nebensätze ein.

2 In den folgenden Sätzen fehlen die Kommas. Unterstreiche die Nebensätze und setze die Kommas ein. ○

Mongolische Pferde

a) Ihre trommelnden Hufen wirbeln den Schnee so auf dass er wie Nebel aussieht. Ihre Nüstern sind weiß von Eiskristallen weil ihr rasender Atem in der eisigen Kälte gefriert. Obwohl es in der Steppe manchmal bis zu minus 40 Grad Celsius kalt ist trotzen die kleinen kräftigen Tiere diesen Bedingungen.

b) Die Pferde finden in der Steppe zwischen Wäldern und Bergen leichter Nahrung wenn der Schnee weggetaut ist. Diese Pferde waren eine wichtige Voraussetzung für seinen Erfolg als der mongolische Herrscher Dschingis Khan seine Eroberungszüge unternahm. Da heute ausdauernde Reittiere in der Mongolei nicht mehr so benötigt werden nimmt die Zahl der zähen Pferde von Jahr zu Jahr ab.

---

3 Stelle die drei Sätze aus Text b) so um, dass die ersten beiden Sätze mit dem Nebensatz beginnen und der dritte Satz mit dem Hauptsatz beginnt. ○

_____

_____

_____

_____

_____

_____

Arbeitstechnik: Merkwörter üben

Hier findest du 8 Übungsformen, mit denen du Wörter üben kannst,
die du dir unbedingt merken willst.

Übungsformen

Übung 1 Schreibe die Wörter in alphabetischer Reihenfolge auf.

Übung 2 Schreibe die Wörter nach der Anzahl ihrer Buchstaben auf:
mit vier, fünf, sechs Buchstaben usw.

Übung 3 Schreibe die Wörter nach der Anzahl ihrer Silben auf:
mit einer, mit zwei, mit drei Silben usw.

Übung 4 Schreibe zu den Wörtern verwandte Wörter auf.
z. B. *fahren, fährt, fuhr, ...*

Übung 5 Schreibe Sätze oder Witzsätze mit diesen Wörtern auf.

Übung 6 Schreibe die Wörter auf und unterstreiche die schwierigen Stellen,
z. B. *Rhabarber.*

Übung 7 Ordne die Nomen nach ihren Artikeln.

Übung 8 Merke dir 3 Wörter, decke sie ab – und schreibe sie auf.
Danach kontrollierst du, ob du sie richtig geschrieben hast.

Und hier sind 10 Nomen, die du einmal zur Probe üben kannst.
Schreibe noch 3 Nomen dazu, die du dir merken möchtest.

> Brennnessel, Sonntagabend, Kartoffelschalen, Trainer,
> Reparatur, Interesse, Weihnachten, Silvester, Kran, Obstsalat

Übung 1 (alle Wörter): _____

_____

_____

Übung 2 (alle Wörter): _____

_____

_____

Übung 3:

Wörter mit 1 Silbe: _____ mit 2 Silben: _____

mit 3 Silben: _____

mit 4 Silben: _____

mit mehr als 4 Silben: _____

Übung 4:

Trainer: _____   Interesse: _____

_____   _____

Reparatur: _____   Schalen: _____

_____   _____

Übung 5: In jedem Satz oder Witzsatz sollen zwei Wörter aus der Liste vorkommen.

_____

_____

_____

_____

_____

Übung 6 (alle Wörter): _____

_____

_____

Übung 7 (alle Wörter): die Brennnessel, _____

_____

_____

Übung 8: _____

_____

Arbeitstechnik: Fehler finden

1 In dem folgenden Text sind Fehler enthalten.
Lies dir den Text erst einmal genau durch.
Unterstreiche beim zweiten Durchlesen die Fehlerwörter.
Es sind 20, die du finden musst.
Schreibe die Fehlerwörter am Rand richtig auf.
Wenn du unsicher bist, schlage im Wörterbuch nach.

Drachenfest

Auf dem Drachenfest gestern nachmittag gab es
eine Menge zu sehen. Da gab es die kleineren
Drachen der Kinder. Doch die richtigen
Drachenprofis zeigten ihre Modelle mit einer
Spannweite von bis zu fünf metern. Am
Himmel tumelten sich einfache Drachen und
Gebilde, die bis zu 35 Meter lang wahren.
Leider gap es am anfang nicht genuk Wind,
sodass manche Drachen garnicht erst in die
Höhe kahmen. Doch als dann der Wind
ordentlich bließ, standen die meißten Drachen
hoch in den Wolken. Es war toll, sie dort oben
herrumkurven zu sehen. Die Pofis konnten
natürlig richtige Kunststücke mit ihnen
machen. Doch es passirte auch einmal ein
kleines unglück. Die Schnühre eines
Riesendrachens verhakten sich in die Seile eines
Kinderdrachens. Beide sind abgestürzt, und es
dauerte zimlich lange, bis sie wieder starten
konnten. Die Zuschauer haben natürlich
darüber gelacht, obwohl es für die Besitzer der
Drachen überhaubt nicht zum Lachen war. Als
schönster Drachen wurde eine große japanische
Schlange gewählt. Der Sieger erhielt einen Preiß
und war glücklich. Noch lange standen die
Zuschauer an den Ständen und aßen Bratwurst
oder Pommes. Es war ein fröliches Fest.